DENN PFERDE LÜGEN NICHT

MARK RASHID

DENN PFERDE LÜGEN NICHT

Neue Wege zu einer
vertrauten Mensch-Pferd-
Beziehung

KOSMOS

Für meine Freunde
Linda Bertani und Vic Thomas.
Ohne sie hätte ich es nicht geschafft.

DENN PFERDE
LÜGEN NICHT

ZUGEGEBEN:
ICH BIN EIN RASHID-FAN

Meine erste Bekanntschaft mit Mark Rashid kostete mich eine schlaflose Nacht. Es war ein Donnerstag Abend Ende 1997, und ich sollte am nächsten Morgen ein Radio-Interview mit ihm aufnehmen. Es ging um sein erstes Buch, „Der auf die Pferde hört". Ich dachte, eine Stunde oder so würden genügen, um mich über seine Trainingsmethoden zu informieren. Ein paar tief schürfende Fragen dazu könnte ich mir ja auf meinem altgedienten gelben Block notieren. Also setzte ich mich an den Schreibtisch, öffnete das Buch und machte mich ans Querlesen. Darin bin ich ziemlich gut, und die meisten Bücher über Pferdeausbildung eignen sich auch sehr gut dafür, weil sie als Textsachbücher geschrieben sind. Dieses Buch aber war anders, und ehe ich mich's versah, hing ich am Haken. Ich las bis in die frühen Morgenstunden und hatte meinen gelben Block total vergessen.

Ich las jedes einzelne Wort im Buch und später auch den Nachfolgeband „A Good Horse is Never a Bad Color" sowie das Buch, das Sie jetzt in Händen halten und das mir Mark freundlicherweise kapitelweise, so wie sie fertig wurden, per e-mail übersandte. Ich gebe es zu: Ich bin ein Fan.

Mark Rashid ist als Ausbilder einzigartig. Es kommt ihm immer darauf an, den Standpunkt des Pferdes zu berücksichtigen, und mit dieser Methode erzielt er verblüffende Veränderungen bei Pferden und den Menschen, die sie lieben. Er ist außerdem ein wunderbarer Geschichtenerzähler, der es fertig bringt, seine Prinzipien der Horsemanship nahtlos mit spannenden Anekdoten aus seinem eigenen Leben zu verweben, besonders von seinen Lehrjahren bei einem ergrauten alten Pferdemann, der einfach „der alte Mann" heißt. Vermutlich werden Sie, wie ich, in Marks Geschichten Ihre eigene Jugend wieder finden, eine Zeit, die bittersüß, verwirrend und berauschend sein konnte, alles an einem Tag.

Mark Rashid stützt seine sanfte, undogmatische Trainingsphilosophie auf den *passive leader*, was man am besten auch mit „sanfter Führer" übersetzt. Das ist in der Herde das Pferd, das mehr durch sein Beispiel führt als durch Druck. Mir ist aufgefallen, dass dies eine gute Beschreibung von Mark selbst ist. Mark drängt Ihnen seine Methode genauso wenig auf, wie er sie einem Pferd aufzwingen würde. Er erklärt, was es in seinen Augen für Wahlmöglichkeiten gibt und lässt Sie dann Ihre eigene Entscheidung treffen.

Glauben Sie mir: Dies ist kein Buch zum Querlesen. Sie werden es sich neben das Bett legen, jedes Wort mit Genuss lesen und süße Pferdeträume träumen. Wer weiß? Vielleicht wachen Sie auf und sind ein besserer Pferdemensch, ein besserer Mensch überhaupt.

Rick Lamb
Radio-Moderator von der bekannten, amerikanischen Sendung „The Horse Show"

Wie alles anfing, oder: Die Idee zu diesem Buch

Im Frühjahr 1997 sollte ich auf einem Distanzreiter-Treffen in Oregon einen Vortrag halten. Das Thema des Vortrags blieb mir überlassen, aber die Organisatorin ließ durchblicken, dass sich sicher viele der Teilnehmer für meine Arbeit mit Problempferden interessieren würden.

Ich überlegte lange hin und her, bevor ich mich an den Computer setzte und versuchte, ein paar Stichpunkte zu Papier zu bringen. Aus irgendeinem Grund fiel es mir schwer, meine Gedanken für den Vortrag auf eine Linie zu bringen, und es dauerte fast sechs Monate, bevor er wenigstens in Umrissen stand. Aber auch dann fand ich das, was ich geschrieben hatte, nicht übermäßig aufregend. Ich hatte jahrelang so viele Vorträge über Problempferde gehalten, dass ich das Gefühl nicht los wurde, mich nur zu wiederholen. Da es aber das war, was sie offensichtlich hören wollten, würde ich den Vortrag wohl auch wie geplant halten.

Der Termin war etwa Mitte Februar 1997, und ich war erst ein paar Wochen vorher mit meinen Notizen fertig geworden. Ich war mir vorgekommen wie beim Zähneziehen und heilfroh, diesen Teil hinter mir zu haben.

Nun war ich nie besonders gut mit Computern und habe nie richtig verstanden, wie sie funktionieren. Ich hatte keine Ahnung, dass man das, was man in den Computer eingetippt hatte, noch auf einer Diskette sichern sollte für den Fall, dass der Computer abstürzt. Ich dachte, wenn die Informationen erst einmal im Computer wären, könnte ich sie dort auch jederzeit wieder abrufen. Schließlich gingen sie in einen Kasten, und es war nur logisch, dass man, wenn man etwas in einen Kasten tut, dies auch wieder aus dem Kasten herausholen kann. Zu meinem Leidwesen sollte ich bald feststellen, dass meine Vorstellung davon, wie ein Computer arbeitet, in keiner Weise mit der Vorstellung des Computers übereinstimmte.

Eines Nachmittags hatten wir einen ziemlich bösen Sturm, der die Stromversorgung auf der Ranch unterbrach. Der Strom ging schließlich wieder an, aber der Computer nicht. Er ging nicht nur nicht wieder an, er hatte auch alles, was er zur Zeit des Stromausfalls in sich gehabt hatte, für alle Zeit verloren. Die Notizen, die ich mir über Monate so mühsam abgerungen hatte, waren auf Nimmerwiedersehen irgendwo in den winzigen Stromkreisen verschwunden.

Der Termin für meinen Vortrag rückte in Windeseile näher, also setzte ich mich hin und versuchte, meine Notizen wiederherzustellen. Keine Chance. Je mehr ich mich bemühte, desto mehr schweiften meine Gedanken ab, bis ich schlussendlich die Idee, über Problempferde zu sprechen, aufgab und über etwas völlig Neues nachzudenken begann.

Was mir immer wieder einfiel war eine Idee, die mich schon seit zwölf Jahren beschäftigte. Sie hat mit dem zu tun, was für mein Gefühl der Kern einer erfolgreichen Arbeit mit Pferden ist. Sie hat zu tun mit einigen der Dinge, die wir in all den Jahren auf unserer Ranch gemacht und die es uns ermöglicht hatten, eine Art bedingungsloses Vertrauensverhältnis zu unserer etwa 80-köpfigen Herde aufzubauen. Ich hatte das Gefühl, die Vortragsbesucher könnten das Thema interessant finden, denn bei unserer Suche nach Wegen, das Vertrauen unserer Herde zu gewinnen, hatten wir auch festgestellt, dass sie uns als Führer zu betrachten schienen, die sie sich freiwillig aussuchten und denen sie folgen wollten. Das Ergebnis waren Pferde, die nicht nur extrem einfach auszubilden waren, sondern die auch später rittig und verlässlich blieben, ganz gleich wer im Sattel saß.

Ich glaube, es gab einen primären Grund für den Erfolg, den wir bei der Entstehung dieser Art von Beziehung zwischen uns und den Pferden hatten – wir arbeiteten sehr intensiv daran, das Verhalten eines bestimmten „Führers" in der Herde nachzuahmen. Dieses Pferd, dem wir zu gleichen versuchten, war nicht der Alpha oder das dominanteste Tier der Herde, wie viele vielleicht annehmen würden. Wir wollten so sein wie ein Pferd mit einem ganz anderen Temperament, einer ganz anderen Rolle innerhalb der Herde – ein Pferd, das durch sein Beispiel führt, nicht durch Druck. Ein Pferd, das extrem zuverlässig und voller Selbstvertrauen ist, eines, dem die große Mehrheit der Pferde nicht nur bereitwillig folgt, sondern das sie sich tatsächlich selbst aussuchen.

Um meinen Zuhörern bei dem Treffen erklären zu können, was wir mit unserer Herde gemacht hatten, musste ich eine große sprachliche Hürde überwinden: das Pferd, dem wir zu gleichen versuchten, hatte keine Bezeichnung. Genau genommen hatte ich überhaupt noch nie irgendjemand von solch einem Pferd reden hören. Ich musste mir einen Begriff oder einen Titel einfallen lassen, der seine Rolle in der Herde so gut wie möglich erklärte. Wenn es mir gelang, würde es mir leichter fallen zu erklären, warum wir es so wichtig fanden, dieses Pferd bei unserer Arbeit mit der Herde nachzuahmen.

Nach einigen Tagen kam mir ein Einfall, der mir bestens geeignet schien, ein Begriff, den ich bei meinem Vortrag verwenden konnte: der des *passive leader*. Er war nicht gerade sehr wissenschaftlich, aber etwas Besseres fiel mir nicht ein. Und die Zeit wurde knapp.

Jedenfalls wählte ich diesen Titel, weil das betreffende Pferd keines war, das sich die führende Rolle aktiv erkämpfen würde. Stattdessen wurde es von den Herdenmitgliedern gewählt als dasjenige, dem sie folgen wollten. Die Rolle des Führers wurde dem Pferd auf passive Weise verliehen. Mit anderen Worten: Dieses Pferd strebte nicht unbedingt nach der Führung der Herde, lehnte seine Rolle aber auch nicht ab, als es gewählt wurde. Der Titel bezieht sich auf die Art, wie das Pferd für seine Rolle ausgewählt wird, nicht auf das, was es tut, wenn es erst einmal „ernannt" worden ist.

Nach dem Treffen stellte sich heraus, dass ich die Idee hinter dem Titel etwas klarer hätte herausstellen sollen. Als mein Vortrag sich allmählich in der Pferdeszene herumsprach, nahmen die meisten automatisch an, dass wir unsere Pferde, damit sie in uns ihre passiven Führer sahen, auf eine passive Weise behandeln mussten.

Dieses schlichte Missverständnis verursachte nicht wenig Verwirrung. Viele Leute konnten nicht verstehen, wie sie jemals bei ihren Pferden etwas erreichen sollten, wenn sie sie immer auf eine passive Art und Weise behandelten. Schließlich bedeutet das Wort „passiv" „nicht handelnd". Wie konnten wir unsere Pferde trainieren oder arbeiten, wenn wir „nicht handelten"? Die Antwort auf diese Frage lautet: Können wir auch nicht! Noch einmal, der Begriff *passive leader* sollte nicht illustrieren, was das betreffende Pferd tut, nachdem es gewählt wurde, sondern eher die Art, wie es überhaupt gewählt wurde.[1]

Die Frage ist nun, wie wir unsere Pferde dazu bekommen, dass sie uns zu ihrem Führer wählen wollen. Meiner Beobachtung nach muss ein Pferd (oder ein Mensch), bevor er oder es überhaupt als *passive leader* in Betracht kommt,

---

[1] Um diesem Missverständnis im Deutschen aus dem Weg zu gehen, hat sich der Verlag für eine sinngemäße Übersetzung entschieden und nennt dieses Pferd den „sanften Führer". (Anm. d. Übers.)

zunächst einmal die Qualitäten besitzen, die es zum Wunschkandidaten machen. Diese Qualitäten sind ruhiges Selbstvertrauen, Zuverlässigkeit, Beständigkeit und die Bereitschaft, keinen Druck auszuüben. In diesem Buch habe ich versucht, einige der Dinge zu erklären, die sich im Laufe der Zeit als hilfreich dabei erwiesen haben, diese Qualitäten in den Augen unserer Pferde zu besitzen. Wir bemühten uns, die genannten Eigenschaften zu verkörpern und stellten schnell fest, dass unsere Pferde uns vertrauten. Hatten wir erst ihr Vertrauen gewonnen, schien es für sie leichter zu sein, uns als jemanden zu betrachten, dem sie bereitwillig folgen, den sie sich sogar als Führer aussuchen würden, um sich sicher zu fühlen.

Ich fürchte, Sie werden in diesem Buch wenig über neue oder andere Techniken oder Ausrüstungen finden, die Sie verwenden sollten, wenn Sie sich als „sanfter Führer" etablieren wollen. Hilfsmittel und Techniken machen meiner Erfahrung nach nicht so viel Unterschied, solange sie mit der richtigen Einstellung angewendet werden. Und das ist es, worum es in diesem Buch schlussendlich vermutlich wirklich geht – um die Einstellung.

Eine gute Freundin sagte einmal, dass für sie die Arbeit mit Pferden wie eine lange Reise sei. Eine Reise ohne Ziel – ein unendlicher Prozess –, und wichtig ist das „Gehen", nicht das „Ankommen".

Ich hoffe, dass Sie die Gedanken, die ich hier zum Thema Horsemanship zu teilen versuche, um einen weiteren Schritt auf dieser langen Reise voranbringen.

DER WENDEPUNKT, ODER: MIT DEM ALTEN MANN WIRD ALLES ANDERS

Als Kind habe ich mich immer auf den Sonntag gefreut. Nicht auf den ganzen Tag, das nicht. Meistens auf den Nachmittag, wenn meine Eltern uns Kinder ins Auto luden und wir unsere wöchentliche Fahrt aufs Land unternahmen. „Aufs Land" zu fahren bedeutete im Grunde nicht viel, denn wir wohnten schon ziemlich „auf dem Lande". Wir wohnten in einem Vorort der Stadt, an der letzten gepflasterten Straße, bevor sich die unbekannte Ferne auftat. So jedenfalls sah ich es. Mit acht Jahren war für mich alles, was jenseits der Ecke von Weis & Stow lag, unentdecktes, auf keiner Landkarte verzeichnetes Territorium. Ich konnte an dieser Ecke stehen und hinausschauen auf – wie mir schien – tausende von Meilen offenes Gelände, Äcker und Viehweiden. Und ich konnte mir nur vorstellen, was für furchterregende Ungetüme dort draußen lauern mochten.

Wenn ich meine Augen anstrengte, konnte ich gerade noch die Überreste einer Scheune erkennen, die vor langer Zeit niedergebrannt war. Vielleicht war sie auch einfach zusammengefallen – es war schwer zu sagen. Auf jeden Fall aber war das alte, verlassene Haus neben der verfallenen Scheune verhext, und das war schon Grund genug, dass ich mich nicht weit weg traute von der Sicherheit jener Ecke.

Außer am Sonntag. Sonntags kletterten wir alle ins Auto und fuhren den Feldweg entlang genau an dem alten Haus vorbei. Und verdammt will ich sein, wenn es sonntags nicht viel weniger gruselig aussah. Besonders wenn man es vom sicheren Rücksitz eines 58er Oldsmobiles aus sah. Nichts ist so richtig gruselig, wenn man von vier Tonnen glitzerndem Stahl umgeben ist.

Wenn wir an dem verhexten Haus vorbei waren, bogen wir links auf einen anderen Feldweg ein, der uns auf den Highway brachte. Dieser Feldweg war ungefähr 3 km lang, und ungefähr in der Mitte lag auf der rechten Seite noch eine verlassene Ranch. Die Zufahrt war ungefähr 500 m lang und führte zu ein paar schäbigen Scheunen. Rechts und links von der Zufahrt lagen verwahrloste Weiden. Alle Zäune waren verrottet, und alles sah einfach heruntergekommen aus.

Ich hatte dem Ort nie viel Aufmerksamkeit geschenkt, aber das änderte sich an einem Sonntag Nachmittag von Grund auf.

An diesem Sonntag waren wir am verhexten Haus vorbeigefahren, waren links abgebogen und näherten uns der alten Ranch, als mir etwas Ungewöhnliches auffiel. Pferde. Es waren Pferde auf den Weiden. Nicht nur ein Pferd oder zwei, sondern viele. Vielleicht an die zwanzig, womöglich sogar dreißig!

Als wir näher kamen, sah ich, dass sich ganz entschieden etwas verändert hatte. Die Ranch sah gar nicht mehr so schlecht aus. Die Zäune waren gerichtet, die Türen waren an ihrem Platz, und in den Fenstern waren Glasscheiben. Der Platz sah sogar richtig gut aus. Es war jemand eingezogen und hatte aufgeräumt. Und nicht nur das – sie hatten Pferde mitgebracht.

Mein ganzes kurzes Leben lang hatte ich Pferde geliebt. Ich weiß nicht einmal, warum. Schließlich war ich überhaupt noch nicht mit richtigen Pferden in Berührung gekommen. Ich hatte nur Roy Rogers auf Trigger gesehen, Marshal Dillon auf seinem Rotschimmel und Joe Cartwright auf seinem Paint. Ich habe also keine einleuchtende Erklärung dafür, warum ich von ihnen so hingerissen war. Aber ich war es, wie so viele andere Jungen und Mädchen in meinem Alter. Pferde so nah bei unserem Haus war eine Menge mehr, als ich aushalten konnte. Ich hatte mich zwar noch nie allein in diese Richtung gewagt, aber richtige Pferde in Fahrrad-Entfernung besaßen eine Anziehungskraft, die das Risiko wert war, von den Gespenstern im verhexten Haus gepackt zu werden, wenn ich daran vorbeiradelte. Gleich am nächsten Tag sprang ich auf mein Rad und fuhr hinaus. Mit dem Rad zu der alten Ranch hinauszufahren dauerte erheblich länger als im Oldsmobile, das stand einmal fest. Der Weg schien kein Ende zu nehmen, außer auf den paar Metern vorbei am verhexten Haus. Auf diese Strecke brauchte ich überhaupt keine Zeit, da sorgte ich schon dafür.

Jedenfalls stand ich nach Stunden, wie mir vorkam, mit meinem Rad vor der Ranch, wo all diese Pferde friedlich grasten. Komisch, aber erst jetzt ging mir etwas Wichtiges auf:

Was hatte ich eigentlich vor? Okay, ich war hier. Aber zunächst einmal: Warum war ich überhaupt gekommen? Und was würde ich jetzt machen, nachdem ich einmal hier war? Umdrehen und wieder heimfahren? Oder wie ein Idiot den ganzen Tag in der Einfahrt herumstehen?

Es war traurig, aber wahr: Ich hatte keinen Plan. Vermutlich hatte ich mir so viele Sorgen gemacht, wie ich dorthin kommen sollte, dass ich mir überhaupt nicht überlegt hatte, warum ich dorthin wollte und was ich dort tun würde.

Nun, darüber musste nachgedacht werden. Ich schob mein Rad über den Straßenrand und ließ es in das hohe Gras gleiten, das den Graben überwucherte. Ich setzte mich daneben und starrte auf die Weide mit den Pferden, während ich versuchte, mir einen Plan zu machen. Nach einer Weile – ich dachte so angestrengt nach, wie ich nur konnte – hob eines der Pferde den Kopf und sah mich direkt an. Es war ein großes Pferd mit rötlichem Fell und einem kleinen weißen Fleck auf der Stirn. Ein schönes Pferd, soweit ich mich erinnere. Ich erinnere mich, dass seine Ohren ganz aufrecht standen und es den Kopf sehr hoch trug, während es mich ansah. Ich saß absolut still, um es nicht zu erschrecken (und weil ich keine Ahnung hatte, was ich sonst hätte machen sollen). Kurz darauf bewegte es den Kopf langsam auf und ab – eine sonderbare Aktion, die ich bei Trigger in keinem der Roy Rogers-Filme gesehen hatte. Diese Kopfbewegungen machte es eine ganze Weile, bis es schließlich den Kopf senkte und langsam auf mich zukam. Eines war sicher: Das hatte ich nicht erwartet. Von allen Szenarien, die ich mir bezüglich dessen, was auf der Ranch passieren würde, wenn ich da wäre, nicht vorgestellt hatte, war dies mit Sicherheit ein Teil. Zu sagen, dass mich das näher kommende Pferd ein bisschen nervös machte, wäre eine Art Understatement gewesen. Während es näher kam, dachte ich dauernd: *Das ist wirklich ein großes Pferd!* Je näher es kam, desto schneller schlug mein Herz. Schließlich stand es genau auf der anderen Seite des Zauns und ich war schweißgebadet. Außerdem merkte ich, dass ich besser noch zuhause auf die Toilette gegangen wäre.

Das Pferd senkte den Kopf, um mich genau betrachten zu können. Es ging kein Wind und die späte Morgensonne brannte auf uns beide herunter. Ich erinnere mich an das Brummen von Fliegen und das Rascheln von Grashüpfern, die hierhin und dorthin segelten. Und ich erinnere mich daran, dass ich das Pferd atmen hörte. Lange, entspannte Atemzüge, gelegentlich unterbrochen von einem etwas schnelleren Ausatmen. Wenn das Pferd einatmete, weiteten sich jedesmal seine Nüstern. Meine vermutlich ebenfalls.

Ich saß weiter ganz still und bemühte mich, keine Bewegung zu machen, die das Pferd veranlassen könnte zu beißen, zu stampfen, zu schlagen oder mich sonst wie zu verstümmeln oder zu Tode zu bringen. Das Pferd verhielt sich ähnlich, blieb in sicherer Entfernung mit dem Zaun zwischen uns. Nach einiger Zeit siegte bei uns beiden vermutlich die Neugier. Das Pferd ging langsam noch näher an den Zaun heran. Mir war immer noch nicht ganz geheuer, aber mit jeder Minute wurde ich mutiger. Ich stand auf und bewegte mich zentimerweise ebenfalls auf den Zaun zu.

Ich musste durch den Grabengrund, um näher heranzukommen, und das tat ich so ruhig, wie ich konnte. Als ich es geschafft hatte, hing der Pferdekopf über dem Zaun und das Pferd streckte mir seine Nase entgegen, wo ich sie leicht erreichen konnte. Unglaublich, wie weich diese Nase war.

In Minutenschnelle war meine Angst so gut wie verschwunden und ich schloss ganz schnell Freundschaft mit dem großen roten Pferd. Es ließ sich von mir an der Nase, an den Backen und an der Stirn streicheln, dort, wo der weiße Fleck war. Im Gegenzug riss ich etwas von dem hüfthohen Gras ab und bot es ihm an. Der Rote nahm es mir höflich, um nicht zu sagen, delikat aus der Hand, und während er kaute, streichelte ich.

So ging das eine ganze Zeit lang, bis ich plötzlich einen Riesenkrach oben bei der Scheune hörte. Das Pferd drehte sich lässig um und schaute in die Richtung, aus der der Lärm kam, und ich musste mich ein wenig nach links bewegen, um zu sehen, was los war. Der Lärm kam von einem alten Lkw neben der Scheune. Jemand hatte den Motor angelassen, und aus dem Auspuff kamen blaue Rauchwolken. Das konnte nur eines bedeuten – jemand hatte mich gesehen und kam nun, um mich zusammenzuschimpfen, weil ich mich bei seinem Pferd herumgetrieben hatte.

Ich geriet in Panik. Ich machte auf dem Absatz kehrt und einen großen Schritt auf mein Fahrrad zu. Das Gras im Graben war aber so hoch, dass ich den Boden nicht sehen konnte. Ich dachte, ich würde auf festen Boden treten, sank stattdessen aber in das hohe Gras ein, stolperte und fiel längelang auf die andere Seite des Grabens. Mein Sturz erschreckte das Pferd. Es rannte davon, was mich noch mehr in Panik versetzte. Ich kletterte den Abhang hoch und zerrte an meinem Rad, aber es hatte sich im Gras verfangen. Ich zog und zerrte, bekam es aber nicht frei. Ich sah hoch zur Scheune. Der Lkw hatte gewendet und kam die Einfahrt herunter auf mich zu.

Ich zerrte weiter und der Lkw kam näher. Mit Hilfe eines erheblichen Adrenalinschubs bekam ich das Rad endlich mit einem Ruck frei. Ich schwang es auf den Weg, sprang auf und trat in die Pedale, was das Zeug hielt. Ich drehte mich kein einziges Mal um, und der Lastwagen holte mich nicht ein.

Es dauerte ein paar Tage, bis ich mich traute, wieder auf die Ranch zu fahren. Aber diesmal hatte ich einen Plan.

Zuerst würde ich feststellen, ob der Lkw da war. Wenn ja, würde ich einfach kehrt machen und nach Hause fahren. Wenn nicht, würde ich mein Rad im Graben verstecken und darauf warten, dass ein Pferd oder zwei an den Zaun kämen. Dort würde ich sie mit Gras füttern und sie streicheln, wenn sie mich ließen. Es war ein guter Plan und über die nächsten Wochen auch erfolgreich.

Den Rest des Sommers fuhr ich jede Woche ein paarmal auf die Ranch. Manchmal konnte ich Pferde streicheln, manchmal nicht. Aber wie auch immer – ich fand es immer der Mühe wert hinzuradeln. Auf jeden Fall hatte ich keine Angst mehr vor dem verhexten Haus.

Herbst, Winter und Frühling gingen vorbei, ohne dass ich allzu oft zur Ranch gefahren wäre. Zu kalt, um so weit zu radeln, und sowieso viel zu viel anderes zu tun – im Herbst war Fußballsaison, im Winter spielte ich Basketball, im Frühling Baseball. Aber kaum waren Sommerferien, als ich mich auch schon wieder aufs Rad schwang und mich in Richtung Ranch auf den Weg machte. Dieses Mal hatte ich allerdings meinen Plan erweitert. Wissen Sie, manchmal waren die Pferde zu weit weg oder überhaupt auf einer ganz anderen Weide. Dann hatte ich nichts zum Streicheln und betrachtete die Fahrt als Zeitverschwendung. Um also meine Chancen zu verbessern, ein Pferd zum Streicheln zu finden, umfasste der neue Plan auch das widerrechtliche Betreten fremden Landes.

Von da an kroch ich, falls der Lkw nicht da war und die Pferde zu weit weg grasten, durch den Zaun und ging zu ihnen hin, statt darauf zu warten, dass sie zu mir kamen. Dieser Teil des Plans funktionierte fabelhaft – bis zu einem Tag im Juni.

An diesem Tag radelte ich zur Ranch und vergewisserte mich, dass der Lkw nirgends zu sehen war. War er nicht, also legte ich mein Rad wie immer in den Graben, kroch ohne zu zögern durch den Zaun und ging auf die Pferde zu. Sie waren diesmal in der Nähe der Scheune, viel näher, als ich je gewesen war. Es machte mir aber nichts aus, weil der Lkw nicht da war, was bedeutete, dass auch der Fahrer nicht da war. Der Lkw machte so viel Krach, dass ich ihn kilometerweit hören würde, vielleicht sogar aus zwei oder drei Kilometern Entfernung, wenn der Wind richtig stand. Genug Vorwarnzeit, dass ich mich aus dem Staub machen konnte. Inzwischen kannten mich die Pferde und ich kannte sie. Sie schienen sich richtig zu freuen, wenn ich kam und versammelten sich alle um mich herum. An diesem Tag stand ich mit dem Rücken zur Scheune und fütterte sie mit Gras. Natürlich streichelte ich sie, während sie mir das Gras aus der Hand fraßen, und so profitierten wir alle davon.

Im Rückblick hätte ich wahrscheinlich merken müssen, dass die Pferde gelegentlich an mir vorbei in Richtung Scheune blickten ... als ob dort jemand wäre, der womöglich in meine Richtung ging. Ich merkte aber nichts. Sie können sich meine Überraschung vorstellen, als ich – Pferde streichelnd und dabei vor mich hinschwätzend wie eine Elster – plötzlich fühlte, dass mir jemand auf die Schulter tippte.

Ich gab einen leisen Schrei von mir, während ich herumfuhr. Geschockt erblickte ich einen alten Mann mit einem fleckigen Cowboyhut, in schmutzigen Jeans und einem verblichenen Hemd. Sein Gesicht war ziemlich braun und verwittert, und die grauen Bartstoppeln waren sicher eine Woche alt. Ein paar Sekunden stand er ganz still und sah mich nur an. Es war ein interessierter Blick, der bei meinen Tennisschuhen begann, sich zu meinem Kopf hocharbeitete und wieder zu meinen Tennisschuhen zurückkehrte – als ob er Maß nehmen wollte für einen Sarg.

„Machst'n da?" fragte er nach einer kleinen Ewigkeit.

„Ich ... ich will, ähhh ... ich wollte ..."

Langsam griff er in seine Hemdtasche und zog eine Packung filterlose Camel heraus. Er klopfte mit der Packung ein paarmal auf den Handrücken und ließ mit einem mühelosen Fingerschnippser das Ende einer Zigarette herausgleiten. Lässig nahm er sie zwischen die Lippen und zog sie ganz heraus, bevor er die Packung wieder einsteckte.

„Das ist hier Privatbesitz", murmelte er, während er in seine Hosentasche griff und ein angelaufenes silbernes Feuerzeug hervorholte.

Er schnippte den Deckel auf, fuhr mit dem Daumen über das Rädchen und hatte mit einer einzigen Bewegung nicht nur Feuer, sondern auch das Ende der Zigarette angezündet. In weniger als einer Sekunde kam blauer Rauch aus seinem Mundwinkel.

Es war klar, dass ich mir schnell etwas einfallen lassen musste, und bevor ich es richtig wusste, versuchte ich wieder zu sprechen.

„Ich ... es tut mir leid ..."

Der alte Mann klappte den Deckel des Feuerzeugs mit einer Hand zu und ließ es in die Uhrentasche seiner Jeans gleiten. Mit der anderen Hand nahm er die Zigarette aus dem Mund und stieß eine Rauchwolke aus. Er nickte langsam.

„Gut", sagte er, während er sich umdrehte und weg ging. „Komm mit."

Komm mit? Was sollte das heißen, „komm mit"? Wo ging er hin? Und noch wichtiger: Warum sollte ich mitkommen? Meine nächste Bewegung wollte schnell und gut überlegt sein. Er drehte mir den Rücken zu und ging von mir weg. Ich konnte weglaufen! Er konnte mich sicher nicht fangen ... er war alt! Und ich war einer der Schnellsten in unserer Gegend. Ich konnte schneller laufen als er, keine Frage. Ein paar Schritte nach links – genug für einen kleinen Vorsprung – und ab die Post. Bis zum Zaun waren es etwa 200 Meter. Das konnte ich schaffen. Er war ja nicht nur alt, er rauchte auch noch! Ihm würde auf halbem Weg schon die Puste ausgehen. Bis dahin wäre ich bei meinem Rad und unterwegs. Er würde mich nie einholen! Es war ein guter Plan. Es war sogar ein sehr guter Plan und ich wollte gerade loslegen, als ...

„Kommst du?", fragte er, ohne sich umzudrehen.

Ob ich komme? Warum sollte ich? Nichts Gutes war zu erwarten, eher hatte ich gute Chancen, mein Leben einzubüßen. Nein, ich musste die Beine in die Hand nehmen, und jetzt war der Moment dafür.

Ich sah auf den Zaun 200 Meter weit weg, überlegte mir meine Schritte und schaute dann zurück zu dem alten Mann, der auf die Scheune zuging. Ich schaute zurück zum Zaun und wieder auf den alten Mann. Ich machte mich bereit zum Weglaufen.

„Wenn du weg willst, dann geh", sagte er, wieder ohne sich umzusehen. „Wenn nicht, dann komm."

Der Ton war nicht bedrohlich, er beruhigte mich sogar ein wenig. Es war komisch, aber nach diesem einen Satz war mir überhaupt nicht mehr nach Weglaufen. Wahrscheinlich weil er sagte, dass ich es könnte. Verstehen Sie mich nicht falsch, mir war immer noch nicht ganz geheuer. Aber ich dachte, es könnte ganz interessant sein herauszufinden, was er vorhatte. Also drehte ich mich langsam um und ging hinter ihm her zur Scheune.

Auf dem Weg öffnete er das große Holztor, das die Weiden trennte. Er ging hindurch und ließ es offen, und ich ging ebenfalls durch und dachte überhaupt nicht daran, es wieder zu schließen. Der alte Mann hielt abrupt an, drehte sich um und schaute auf das Tor. Ich schloss zu ihm auf, aber er sah immer noch auf das Tor. Er zog einmal an seiner Zigarette und wendete mir den Blick zu. Er stieß Rauch aus Mund und Nase aus und schaute zurück zum Tor.

„Soll ich es zumachen?" fragte ich ziemlich dämlich. „Ganz wie du meinst", war seine Antwort. Ich rannte zurück zum Tor, schloss es und legte den Riegel vor. Der alte Mann ging schon wieder weiter auf die Scheune zu, und ich musste rennen, um ihn einzuholen. Er kam zuerst bei der Scheune an, ging hinein und zu einer Wand, an der verschiedene Schaufeln und andere Geräte hingen. Zielsicher nahm er eine große Stahlschaufel herunter und drückte sie mir in die Hand. „Hier", sagte er schlicht. „Wenn du sie streicheln willst, musst du auch hinter ihnen sauber machen." Und damit begann meine Karriere als Pferdemann. Nicht gerade sehr feierlich, schon wahr, aber immerhin ein Anfang.

Normalerweise würde ich solch eine Geschichte kaum je erzählen. Oberflächlich gesehen ist es nicht einmal eine richtige Geschichte. Aber manchmal hilft es, sich an erste Eindrücke zu erinnern. Im Leben sind es sehr oft nicht die großen Dinge, die die größte Wirkung auf uns haben, sondern die kleinen.

Ich merkte bald, dass das, was der alte Mann getan hatte, als er mich widerrechtlich auf seiner Weide fand, seine Art war, mit jeder Situation umzugehen. Er sprach immer leise, aber mit großer Bestimmtheit. Bei unserem ersten Zusammentreffen war es seine Absicht gewesen, eines von zwei Dingen zu erreichen – mich entweder so zu erschrecken, dass ich nicht mehr wiederkommen würde, oder mir eine Tür zu öffnen, damit ich noch näher kommen konnte. Wie auch immer – es war meine Entscheidung.

Mit Pferden ging er sehr ähnlich um. Er stellte das Pferd vor eine Entscheidung und ließ es selbst diese Ent-

scheidung treffen. Er schien nie besonders erpicht darauf,
ein Pferd zu etwas zu zwingen, das ihm nicht geheuer war,
oder es für eine falsche Entscheidung zu strafen. Er ließ einfach geschehen, was geschah und ging von da aus weiter. Es
war eine einfache Idee, aber sehr wirkungsvoll – für Menschen wie für Pferde.

Ich hatte schon eine Weile für den alten Mann gearbeitet, als er ein junges Pferd kaufte. Diese Geschichte ver-
anschaulicht seine Einstellung sehr schön. Es war ein vier-
jähriger Wallach, der mit 18 Monaten in Arbeit genommen
worden war. Als Zweijähriger hatte er mit einigem Erfolg an
Western Pleasure-Wettbewerben teilgenommen. Das Ergebnis war, dass sein Besitzer ihn bei jeder Gelegenheit tur-
niermäßig vorstellte. Mit zweieinhalb hatte der Wallach
langsam genug von den Anstrengungen eines Turniers und
fing an, sich bei unpassenden Gelegenheiten danebenzube-
nehmen, meist wenn er in den Showring hinein sollte. Er
ließ sich auch nur noch schwer einfangen und stand nicht
mehr beim Aufsitzen. Mit drei Jahren benahm er sich so
schlimm, dass er „zur Korrektur" zu einem Trainer
geschickt wurde. Dieser ging zugegebenermaßen nicht
gerade zimperlich mit dem jungen Pferd um, aber seine
Taktik führte immerhin dazu, dass der Wallach sich besser
benahm, jedenfalls eine Weile.

Trotzdem wurde er noch schwieriger zu fangen und
hatte außerdem angefangen zu beißen, wenn er gesattelt
und gegurtet wurde. Mit dreieinhalb weigerte er sich wieder,
den Showring zu betreten, ließ sich nicht mehr beschlagen
und war mehrmals mit seinem Besitzer und dem Trainer
durchgegangen. Jedesmal wenn er mit dem Trainer durch-
ging, erhielt er eine Riesentracht Prügel.

Als er vier wurde, gab der Besitzer ihn auf. Aber mehr
noch: Das Pferd hatte seinen Besitzer aufgegeben. Da er ihn
als hoffnungslosen Fall betrachtete, brachte er ihn zu einer

Versteigerung, wo die Pferdemetzger einkauften, und das
wäre dann das Ende gewesen. Aber wie es der Zufall wollte,
war der alte Mann auf der Versteigerung und dachte, das
junge Pferd könne vielleicht doch noch zu etwas anderem
als Hundefutter taugen. Er kaufte es für 'nen Appel und 'n
Ei und ließ sich vom Vorbesitzer die ganze Geschichte
erzählen. Dann brachte er das Pferd nach Hause und stellte
es zu den anderen auf die große Weide. Sehr schnell freun-
dete sich der Wallach mit einer kleinen Gruppe anderer Wal-
lache an und hielt sich immer bei ihnen auf.

Es war von Anfang an klar, dass Salty – so nannte ihn
der alte Mann wegen der weißen Stichelhaare auf der Stirn
– eine harte Nuss werden würde. Mit seinen Weidefreunden
fühlte er sich wohl, aber von Menschen, die die Weide betraten, wollte er nichts wissen. Wenn er dachte, du würdest auf
ihn zugehen, raste er wie ein Verrückter ans andere Ende
der Weide. Ihn zu fangen kam überhaupt nicht in Frage.
Seltsamerweise schien dies den alten Mann nicht zu kümmern. Er versuchte einfach gar nicht erst, ihn zu fangen.

Salty war ungefähr drei Wochen auf der Ranch, als es
Zeit wurde, die Herde auf eine andere Weide am anderen
Ende des Geländes zu bringen. Wie immer ging der alte
Mann ans Tor und rief: „Herkommen!" Wo die Pferde auch
waren, ihre Köpfe flogen dann hoch, und eines nach dem
anderen sah in seine Richtung.

„Herkommen!", rief der alte Mann dann noch einmal.
Das genügte meist, damit sich die Herde in seine Richtung in
Bewegung setzte. Rief er noch einmal, verfielen alle in Trab.
Ehe man es sich versah, standen sie alle am Tor. So war es auch
dieses Mal. In weniger als fünf Minuten nach dem ersten Ruf
waren alle Pferde am Tor versammelt – alle außer Salty.

Salty war zwar mit den anderen herangekommen,
hielt aber nun einen Sicherheitsabstand ein. Der alte Mann
und ich halfterten die Pferde auf, nahmen je zwei oder drei

an jede Hand und führten sie durch das Tor und auf die andere Weide. Bis schließlich Salty als einziges Pferd übrig blieb. Er war jedesmal weggerannt, wenn einer von uns sich ihm genähert hatte, und fand sich nun von der Herde getrennt. Wir versuchten noch einige Male, an ihn heranzukommen, aber er wollte nichts davon wissen. Nach vielleicht zwanzig Minuten war klar, dass er uns nicht auf Greifdistanz an sich herankommen lassen würde, von Aufhalftern schon gar nicht zu reden. Der alte Mann schob sich das Halfter unter den Arm und zündete sich eine Zigarette an.

„Sieht so aus, als ob er hier bleiben wollte", sagte er nach einem langen Zug." Also lassen wir ihn hier, denke ich."

Und damit gingen wir hinaus. Etwa gleichzeitig stellte Salty fest, dass er allein war, und das gefiel ihm kein bisschen. Kaum waren wir draußen, kam er Hals über Kopf ans Tor geschossen. Er wieherte, was die Lungen hergaben und rannte in der Nähe des Tors am Zaun auf und ab. Der alte Mann wartete eine halbe Stunde ab, bevor er mit dem Halfter in der Hand wieder zum Tor ging. Sobald er das Tor erreicht hatte, drehte Salty um und lief so schnell er konnte ans andere Ende der Weide. Der alte Mann machte keine Anstalten, hinter ihm herzulaufen. Er drehte sich einfach um und ging zurück zu seiner Arbeit. Als Salty sah, dass sich der alte Mann zurückzog, rannte er zurück zum Tor und begann wieder zu wiehern und auf und ab zu laufen.

Nach einer weiteren halben Stunde ging der alte Mann wieder ans Tor, und wieder lief Salty weg. Den ganzen Tag über gab der alte Mann dem jungen Wallach immer wieder Gelegenheit, sich fangen zu lassen. Und jedesmal lief Salty weg. Als es dunkel wurde, war Salty immer noch allein auf der Weide und wieherte verzweifelt. So ließen wir ihn über Nacht zurück.

Am nächsten Tag war Salty immer noch am Tor und wieherte. Man konnte sehen, dass er eine ziemlich ungemütliche Nacht verbracht hatte, denn er hatte neben dem Zaun eine tiefe Rinne ausgetreten und sein Fell war schweißverklebt. Der alte Mann ging ans Tor, und Salty lief wieder weg. Diesmal lief er aber bei weitem nicht so weit, bevor er anhielt und sich nach dem alten Mann umsah. Der alte Mann öffnete das Tor und stand mit dem Halfter in der Hand im Eingang. Der Wallach beobachtete ihn genau, blieb aber auf Distanz. Nach vielleicht zehn Minuten drehte sich der alte Mann um und verließ die Weide wieder. Der Wallach lief sofort wieder zum Tor und begann zu wiehern. Diesmal blieb der alte Mann stehen und kam langsam zum Tor zurück. Der Wallach rannte weg, aber nur ein paar Meter. Der alte Mann ging durch das Tor und blieb gerade innerhalb der Weide stehen. Salty blieb auf Distanz.

Nach etwa fünf Minuten drehte sich der alte Mann um und war dabei, die Weide zu verlassen, als Salty langsam anfing auf das Tor zuzugehen. Der alte Mann blieb am Tor stehen und wartete ab. Salty schlich auf den alten Mann zu und blieb in kurzer Entferung stehen. Der alte Mann versuchte nicht, sich ihm zu nähern; er stand da, als ob er auf den Bus wartete. Nach einigen weiteren Minuten drehte er sich wieder um und tat, als ob er weggehen wollte, und überraschenderweise ging Salty direkt auf ihn zu. Der alte Mann drehte sich ganz langsam um und begann das junge Pferd sanft an der Schulter zu klopfen. Bald darauf ließ Salty sich das Halfter überstreifen und der alte Mann führte ihn aus der Koppel hinaus und zum Rest der Herde.

Es war das letzte Mal, dass Salty sich nicht fangen lassen wollte.

Dies ist ein perfektes Beispiel dafür, wie der alte Mann arbeitete. Er brachte Salty in eine Situation, in der er eine Entscheidung treffen musste, und ließ ihn selbst entscheiden. So weit es den alten Mann betraf, gab es keine richtige oder falsche Entscheidung. Schließlich machte es für ihn nicht viel Unterschied. Der direkt Betroffene war Salty. Welche Entscheidung er auch traf, er würde damit leben müssen. Wenn ihm die Konsequenzen nicht gefielen, war es an ihm, einen anderen Ausweg zu finden.

Der Schlüssel zur erfolgreichen Beendigung dieser Situation liegt meiner Meinung nach darin, wie der alte Mann mit Saltys erster Entscheidung umging. Er versuchte nicht, dem jungen Pferd ein anderes Konzept aufzuzwingen. Stattdessen zeigte er ihm, dass es einen Ausweg gab – wenn er wollte. Dadurch, dass er immer wieder zur Weide zurückging, hatte er Salty gewissermaßen gezeigt, dass er für ihn da war. Er ließ dem Pferd auch die Wahl, auf der Weide zu bleiben oder sich mit dem Rest der Herde auf eine andere Weide führen zu lassen. Wenn Salty seine Situation verbessern wollte, brauchte er Hilfe. Und diese Hilfe bekam er nur, wenn er dem alten Mann zuerst vertraute – was er schließlich auch tat.

Im Laufe der nächsten Zeit stellten wir eine interessante Veränderung bei Salty fest. Vor dem Tag des Wechsels auf die neue Weide war er immer weiträumig ausgewichen und hatte sich eher defensiv verhalten. Danach war es ihm immer weniger wichtig wegzulaufen, wenn jemand die Weide betrat. Er schien sich sogar echt für Menschen zu interessieren. Nach ein paar kurzen Wochen brachte er es über sich, stehen zu bleiben und sich streicheln zu lassen – etwas, was zuvor überhaupt nicht in Frage gekommen wäre.

Als es einige Wochen später wieder Zeit war, die Herde auf eine andere Weide zu bringen, ging der alte Mann zum Tor und rief die Pferde. Sie kamen alle angelaufen, auch Salty ließ sich fangen, aufhalftern und ohne weiteres führen. Von da an machte er nicht nur keine Probleme mehr, sondern wurde ein richtig angenehmes Pferd. Das

Interessante daran war (jedenfalls für mich), dass keine spezielle „Trainingstechnik" angewendet worden war, um diese Veränderung zu erreichen. Sie geschah einfach. Aber ich glaube, das war's, was der alte Mann unter seiner Arbeit mit Pferden verstand. Vermutlich dachte er, dass man manchmal umso mehr erreicht, je weniger man tut. Bei Salty war dies sicher der Fall, ebenso wie bei vielen anderen Pferden, die das Glück hatten, bei dem alten Mann auf seiner Ranch zu landen.

Seit damals habe ich viele Pferdeleute getroffen, die bezüglich der Arbeit mit Pferden eine genau entgegengesetzte Meinung vertreten. Sie sind im Prinzip der Ansicht, dass man ein Pferd, das nicht tut, was es soll, dazu bringen muss, es zu tun. Sie können sich vorstellen, dass es mir mit meinem Hintergrund schwer fiel zu verstehen, wie jemand dies für eine gute Idee halten konnte. Verstehen Sie mich nicht falsch, die Idee muss nicht notwendigerweise verkehrt sein. Sie war mir nur total fremd.

Der Gedanke, ein Pferd zu etwas zu bringen, steht in engem Zusammenhang mit einem anderen Gedanken oder einer Theorie, die ich vor einigen Jahren kennen lernte und die mir ebenfalls nicht einleuchten wollte. Damals wie heute glaubten viele, dass ein Pferd im Training nur dann gut arbeitet, wenn es den Menschen zuerst als den „Alpha" der Herde anerkannt hat. Mit anderen Worten, ihr Pferd muss sie auf jeden Fall als das dominante Mitglied der Herde betrachten und sich ihnen in jeder Lage unterordnen.

Ich gebe gern zu, dass diese Idee mir von Anfang an Sorgen machte, obwohl ich anfangs nicht einmal wusste, warum. Ich wusste nur, dass es sich für mich nicht richtig anhörte. Also sah ich mich nach jemanden um, der mir entweder erklären oder zeigen konnte, was damit gemeint war, „der Alpha zu werden".

Zufällig traf ich auf einen Trainer, der ein selbst ernannter Experte auf diesem Gebiet war. Er erklärte mir, der beste Weg, vom Pferd als Alpha betrachtet zu werden, bestehe darin, beim Training derjenige zu sein, der „keinen Fuß rührt". Zur Demonstration brachte er einem rohen Pferd das Longieren bei. Er stellte sich in die Mitte eines Roundpen, das Pferd an der Longe, und fing an, hinter ihm mit der Peitsche zu knallen. Das Pferd war verwirrt und wurde sehr nervös. An einem Punkt wäre es dem Trainer beinahe in den Schoß gesprungen, nur weil es von dem Geräusch weg wollte.

Ungerührt zeigte der Trainer weiter mit dem Finger in die Richtung, in die das Pferd sich bewegen sollte, und ließ hinter ihm die Peitsche knallen. Seinem Vorsatz getreu rührte sich der Trainer bei der ganzen Lektion nicht vom Fleck. Das Pferd reagierte, indem es seine Füße bewegte (allerdings nicht in eine bestimmte Richtung) und verwickelte sich dabei mehr als einmal in die Longe.

Nach etwa zehn Minuten hatte das Pferd einigermaßen verstanden, was von ihm verlangt wurde und begann den Trainer entgegen dem Uhrzeigersinn zu umkreisen. Leider lief es nur einmal herum, blieb dann abrupt stehen und wendete sich dem Trainer zu. Wieder knallte der Trainer mit der Peitsche und das Pferd sprang davon und lief wild im Kreis. Erst nach einigen weiteren Stopps und weiterem Peitschenknallen war dem Pferd schließlich klar, dass Anhalten nicht zur Debatte stand.

Kurz darauf drehte sich der Trainer zu mir um. Lächelnd stand er vollständig still, während das Pferd in gleichmäßigem Trab um ihn herum lief. Wenn das Pferd hinter ihm vorbei lief, wechselte er hinter seinem Rücken die Longe von einer Hand in die andere, nahm aber ansonsten so gut wie keine Notiz von dem Pferd.

„Siehst du", sagte er weise, „das bedeutet es, der Alpha zu sein. Er arbeitet und ich nicht. Es ist eigentlich ganz einfach, wenn man es mal begriffen hat."

Anschließend an diese Demonstration zeigte er mir seine Anlage und seine Pferde. Wir betraten eine Koppel mit fünf oder sechs Pferden, und wie auf Befehl drehten sich alle um und gingen von uns weg. Ich fand das beunruhigend, weil ich immer mit Pferden zu tun gehabt hatte, die gern mit Menschen zusammen waren. Zugegeben, die Pferde, die ich kannte, kamen nicht immer geradezu angerannt, wenn jemand die Weide betrat, aber sie drehten sich auch nie um und gingen weg. Ich fragte den Trainer, ob das für seine Pferde ein normales Verhalten sei.

„Ja", antwortete er grinsend. „Aber sieh dir das an."

Er nahm den Führstrick, den er bei sich trug, und schlug damit ein paarmal auf den Boden. Die Pferde fuhren alle zusammen, liefen ein paar Schritte weg und drehten sich dann einhellig zu ihm um.

„Sie wissen, auf welcher Seite ihr Brot gebuttert ist", sagte er mit einem Grinsen.

Es war keine Frage, dass die Pferde wussten, was es bedeutete, wenn der Führstrick auf den Boden geschlagen wurde. Das Traurige daran, jedenfalls aus meiner Perspektive gesehen, war der resignierte Ausdruck in den Augen der Pferde. Es ist schwer zu beschreiben, aber sie sahen alle irgendwie hohl aus – als ob sie gar nicht da wären. Sie standen mit gesenkten Köpfen, die Ohren zurückgelegt, und schlugen nur ab und zu mit dem Schweif.

Da hatten die Pferde des alten Mannes einen ganz anderen Blick, wenn sie ihn ansahen. Sie machten immer einen willigen und freundlichen Eindruck und wanderten selten bis nie davon, wenn man zu ihnen auf die Koppel ging. Mir wurde klar, dass ich zwei vollständig verschiedene Arten des Umgangs mit Pferden erlebt hatte: die des alten Mannes und diese „neue" Art des Umgangs, bei dem der Mensch die Rolle des Alpha übernahm.

Im Verlauf der nächsten Jahre beobachtete ich viele Menschen, die sich als Alpha betrachteten, und mir wurde allmählich klar, dass es zwei Wege gibt, wie der Mensch während des Trainings zum Alpha werden kann. Der Erste bedeutet totale Dominierung des Pferdes, zu jeder Zeit, im Sattel und bei der Arbeit vom Boden aus. Der Zweite beinhaltet eine Art teilweiser Dominierung, bei der Zwang angewandt wird als Antwort auf eine unerwünschte oder negative Reaktion des Pferdes.

Wo es um totale Dominanz geht, ist es kein ungewöhnlicher Anblick, den Trainer ständig Sporen, Gerten, Stöcke, eine laute Stimme und eine harte Hand einsetzen zu sehen, ob sie nötig sind oder nicht. Bei den so behandelten Pferden fällt mir auf, dass sie aus Furcht zu gehorchen scheinen. Es steht außer Frage, dass sie tun, was man von ihnen verlangt, aber sie tun es nicht willig. Solche Pferde werden oft schwierig im Umgang oder biestig und entwickeln sich manchmal zu „Problempferden". Sehr oft sind das die Pferde, die den Reiter bei der ungünstigsten Gelegenheit im Stich lassen, wenn er sie am meisten gebraucht hätte.

An ein Pferd, auf das diese Beschreibung passt, erinnere ich mich noch besonders. Es war ein junges Turnierpferd, das von seinem Trainer mit harter Hand geritten wurde. Dieser war stolz darauf, dem Pferd gegenüber der „dominante Herdenführer" zu sein und ließ keine Gelegenheit aus, dem Pferd unmissverständlich klar zu machen, dass er in jeder Beziehung der Überlegene war. Wenn das Pferd sich nicht gleich einfangen ließ, jagte er es gnadenlos herum, bis es aufgab. Hatte er es endlich am Halfter, riss und schüttelte er so lange am Führstrick, bis das Pferd eine bestimmte Strecke in einem bestimmten Tempo rückwärts gegangen war. Dann führte er es weg, und wenn ihm das Pferd zu nahe kam, riss und schüttelte er wieder am Strick, schrie „Zurück!" und ließ es wieder rückwärts gehen, bis ihm schien, dass er seinen Standpunkt nun klar genug gemacht hätte. Blieb das Pferd beim Führen zurück, schlug er es mit dem Ende des Führstricks mehrfach auf den Rumpf und ließ es im Kreis um sich herum gehen. War er mit der Reaktion endlich zufrieden, konnten sie weitergehen.

Beim Satteln hatte das Pferd bewegungslos still zu stehen. Tat es dies nicht, sollte es dies bitter bereuen: Der Trainer rammte ihm den Daumen in den Bauch und riss wieder am Strick. War es aufgesattelt, führte er es in den Roundpen und longierte es mindestens zwanzig Minuten. Das Pferd hatte auf das Kommando des in der Mitte stehenden Trainers Schritt, Trab oder Galopp zu gehen bzw. makellos zu stoppen. Machte es einen Fehler, waren sofortige Bestrafung und weiteres „Schleifen" fällig, bis die Reaktion in den Augen des Trainers annehmbar war.

Saß er auf, hatte das junge Pferd so lange still zu stehen, bis es aufgefordert wurde, sich zu bewegen. Es wurden einwandfreie Übergänge erwartet – vom perfekten Stillstand ohne zu zögern in den Schritt, Trab oder Galopp. Kam eine Reaktion einmal verzögert, setzte er Sporen und die Zügelenden ein und arbeitete so lange daran, bis er mit der Reaktion zufrieden war. Dieselbe Technik wurde eingesetzt, wenn die Spins nicht ganz fehlerlos ausfielen. Auch die Stops hatten makellos zu sein. Misslang ein Stop, legte er dem Pferd das nächst schärfere Gebiss ins Maul und ritt es gegen den Zaun oder gegen die Wand. Bis sie allmählich fehlerlos gelangen.

Nach einigen Monaten Training waren die Reaktionen des Pferdes zwar mechanisch, aber sicherlich gut genug, seine Karriere in der Show-Arena in Angriff zu nehmen. Der Wallach wurde auf verschiedenen kleinen bis mittleren Turnieren in der Reining-Klasse vorgestellt. Er war recht erfolgreich und brachte meistens zweite und dritte Plätze nach Hause.

Nach einiger Zeit beschloss der Trainer, ihn aufgrund dieser Erfolge nun auf größeren Turnieren vorzustellen. Bei den ersten beiden Wettbewerben ging das Pferd auch recht gut und es gab erste Anfragen von Kaufinteressenten. Aber auf dem dritten Turnier, genau beobachtet von den potentiellen Käufern, gab es Probleme.

Auf dem Abreiteplatz hatte der Trainer alle Mühe, anständige Stops zu erhalten, und die Übergänge waren auch nicht viel besser. Der Wallach verpatzte die fliegenden Galoppwechsel und seine Spins waren langsam und ohne Leben. Erbost über die glanzlose Vorstellung des Pferdes arbeitete der Trainer so lange weiter, bis er mit den Reaktionen zufrieden war.

Aber das letzte Wort hatte das Pferd. Als es Zeit war für seinen Auftritt in der Arena, ging der Wallach ruhig hinein, legte dann aber aus heiterem Himmel eine Rodeo-Vorstellung hin, die sich gewaschen hatte, den Kopf zwischen den Vorderbeinen und bockend, als ginge es um die Teilnahme am Finale des nationalen Rodeo-Wettbewerbs in Las Vegas.

Zu seiner Ehre sei gesagt, dass der Trainer die ersten paar Bocksprünge noch aussaß, aber ich könnte mir vorstellen, dass er es später bereute. Das waren mit die härtesten Buckler, die man je gesehen hatte (besonders in einem Reining-Wettbewerb), und es war nicht ganz klar, wer mehr Lärm machte – das Pferd, das bei jedem Sprung quietschte oder der Trainer, als er erst auf der Sattelkammer, dann auf dem Horn und schließlich auf dem Pferdehals landete.

Jedenfalls endete er im Dreck, mit platt gedrücktem Hut und zerrissenen Jeans, und der Wallach drehte buckelnd und Gas ablassend drei übermütige Ehrenrunden. Man verzichtete für diesen Tag auf den Auftritt des Paares, und die potentiellen Käufer schienen das Interesse an Pferd und Reiter verloren zu haben.

Wenigstens in dieser bestimmten Situation hatte die Rolle als dominanter Herdenführer also nicht das positive Ergebnis erbracht, das sich der Trainer davon erwartet hatte. Das Pferd wäre da allerdings vielleicht anderer Meinung gewesen. Vermutlich fand es, dass alles genau richtig ausgegangen war.

Nun gibt es auch noch einen anderen Weg, um zum Alpha oder Führer in der Herde zu werden. Die Methode ist gebräuchlicher und scheint von vielen Trainern in großem Maßstab angewendet und gelehrt zu werden. Es geht immer noch darum, vom Pferd als dominanter Führer akzeptiert zu werden, aber man bemüht sich etwas mehr darum, die Dinge aus der Pferdeperspektive zu sehen. So jedenfalls lautet die Theorie. Wo ich die Methode in der Praxis gesehen habe, ähnelte sie sehr der des Trainers mit dem Reining-Pferd. Was das Pferd angeht, ist das Ergebnis in mancher Beziehung ähnlich (wenn es auch nicht jedesmal damit endet, dass das Pferd den Reiter während eines wichtigen Turniers herunterbuckelt). Das Pferd spult seine Lektionen ohne viel „Gefühl" ab, es erscheint mehr als Maschine denn als wirklich williger Partner.

Ich habe Pferde erlebt, die von ihrem Besitzer in der Alpha-Rolle trainiert wurden und sich einfach von dem ganzen Vorgang abtrennten. Das heißt nicht, dass sie keine Leistung erbrachten, denn das taten sie. Oberflächlich gesehen wirkten ihre Vorstellungen sogar oft makellos. Sie sind aber nicht wirklich beständig in ihren Leistungen, und sie

sind nicht glücklich, wenn sie vorgestellt werden. Es kann
vorkommen, dass sie ihre Aufgabe einmal ohne das geringste Zögern erledigen und das nächste Mal nicht einmal einen
Versuch unternehmen. Es kommt sehr oft vor, dass solch
ein Pferd seinem Reiter regelmäßig zu verstehen zu geben
versucht, dass es nicht glücklich ist mit der Art der Beziehung zwischen ihnen. Es kann dies auf verschiedene Weise
kommunizieren: durch leere Augen, angelegte Ohren, ständig schlagenden Schweif oder Leistungsverweigerung. In
manchen Fällen lässt das Pferd sich nicht mehr fangen,
obwohl es dies schon gelernt hatte und sich längere Zeit
ohne weiteres fangen ließ.

Bevor ich fortfahre, muss ich unbedingt sagen, dass
an dieser Trainingsmethode absolut nichts falsch ist. Und
ich meine wirklich absolut nichts. Nicht alle Pferde, die so
ausgebildet werden, entwickeln diese Art von Verhaltens-
störungen, die ich gerade beschrieben habe. Mir scheint es
eher eine Frage der persönlichen Vorliebe zu sein – eine
Ausbildungsmethode, die entweder für die Menschen und
ihre Pferde funktioniert oder nicht. Ich denke, es hängt
davon ab, welche Art von Beziehung zu Ihrem Pferd Ihnen
vorschwebt. Wenn Sie möchten, dass Ihr Pferd in Ihnen den
Alpha oder dominanten Herdenführer sieht, dann sollten
Sie diese Methode anwenden. Viele, viele Trainer und Besitzer haben riesigen Erfolg mit Pferden, die so gearbeitet werden, und tatsächlich gibt es Pferde, die diese Art des
Umgangs mögen.

Nachdem ich viele Pferde und Reiter gesehen habe,
die nach dieser Methode arbeiten, glaube ich aber, dass es
sich dabei weniger um eine Partnerschaft zwischen zwei
Individuen handelt, sondern mehr um eine Diktatur nach
dem Motto „ich sage, du tust".

Ich persönlich möchte von meinem Pferd lieber als
Partner denn als Diktator gesehen werden. Eher nach dem

Motto „komm, lass uns das gemeinsam angehen". Das war die Haltung, die auf der kleinen Anlage des alten Mannes vorherrschte. Wenn jemand möchte, dass ich vortrete und führen soll, kann ich das machen. Aber nicht auf eine Art und Weise, die dem Pferd als dominant oder respektlos ihm gegenüber erscheint.

Wenn ich daran zurückdenke, wie der alte Mann mit seinen Pferden arbeitete, war immer etwas Gemächliches an ihm. Das hieß nicht, dass die Pferde das Sagen gehabt hätten oder dass er von ihnen nicht anständiges Benehmen und gute Manieren erwartete. Aber er gab sich auch große Mühe, ihnen bei allem, was er von ihnen verlangte, ein Recht auf die eigene Meinung zu lassen. Er hörte ihnen zu, dachte über ihren Standpunkt nach und ging dann von da aus weiter. Das Ergebnis waren Pferde, die besonders beständig, willig, ruhig und zugänglich waren.

Vielleicht ist es wie beim alten Salty. Er beschloss, sich nicht fangen zu lassen. Was den alten Mann anbelangte, sollte es denn so sein. Allerdings musste Salty mit seinem Entschluss und den Konsequenzen daraus leben, und die waren, wie er bald feststellte, nicht so ganz wunschgemäß. Als er versuchte, einen Ausweg zu finden, stand der alte Mann für ihn bereit ... aber Salty musste die Entscheidung treffen. Als er die Gelegenheit hatte, traf er eigenständig seine Wahl, was für ihn auf Dauer vorteilhafter wäre, und es bedurfte keiner Trainingstechnik dazu. Der alte Mann fand einen Weg, Salty seine Würde zu belassen und gleichzeitig sein Ziel zu erreichen.

Vielleicht ist dies das Geheimnis der Arbeit des alten Mannes mit Pferden. Vielleicht war diese einzelne Kleinigkeit der wichtigste Bestandteil seiner Arbeitsweise – die Fähigkeit, ein Ziel zu erreichen, ohne das Pferd herabzuwürdigen oder ihm seine Ideen aufzuzwingen und im Gegenzug die Bereitschaft des Pferdes, etwas für ihn zu tun.

Er überließ dem Pferd wirklich, die richtige Entscheidung zu treffen und war nicht übermäßig besorgt um eine falsche Entscheidung. Vielleicht täte es uns auch ganz gut, diese Dinge nicht so wichtig zu nehmen.

Ich muss aber gestehen, dass mir eines nicht ganz klar ist. Wenn Pferde angeblich so positiv darauf reagieren, in ihrem Trainer den Alpha der Herde zu sehen – warum haben dann so viele Pferde solche Probleme mit der Idee? Entgeht uns da etwas? Machen wir irgendetwas nicht richtig bei der Ausbildung?

Auf diese Fragen fand ich sehr lange keine Antwort, und trotzdem ließ mir der Gedanke, zum Alpha zu werden, keine Ruhe. Schließlich dämmerte es mir, dass ich vielleicht von vornherein nicht die richtigen Fragen gestellt hatte. Vielleicht war mir das, was ich hätte fragen sollen, bisher total entgangen. Sehen Sie, ich hatte die ganze Angelegenheit immer aus meiner Perspektive betrachtet – als Mensch, der ein Pferd ansieht. Um die Situation aus der Perspektive des Pferdes zu sehen, musste ich erst einmal verstehen, wie das Pferd seine Beziehung zum Alpha der Herde sieht. Ist es eine Beziehung, die ihm gefällt und in der es sich glücklich fühlt? Ist der Alpha ein Pferd, das es bewundert, respektiert und dem es willig folgt? Oder ist es ein Pferd, dem es grundsätzlich lieber aus dem Weg gehen würde?

Im Verlauf der nächsten Jahre und mit der Hilfe und Geduld zahlreicher Pferde sowie Menschen wurden mir die Antworten auf diese Fragen schließlich ein bisschen klarer.

Bald stellte sich heraus, dass sie den Pferden schon längst klar waren.

Das Wesen einer Herde, oder: Was die Überlebensstrategien der Pferde mit dem Reiten zu tun haben

Ich war beinahe fertig damit, den Boxenstall auszumisten, als der alte Mann vorbeikam. Wortlos bedeutete er mir mitzukommen. Gewöhnlich hieß das, dass er einen höchst wichtigen Auftrag für mich hatte, zumindest etwas, das wichtiger war als das, was ich gerade tat. Also lehnte ich die Schaufel an die Wand und ging zur Hintertür hinaus. Inzwischen war der alte Mann schon zu einem der Corrals neben der Scheune hinübergegangen. Er lehnte am Zaun und schaute auf die große Weide auf der anderen Seite des Corrals.

Er sah aus, als ob er etwas auf dem Herzen hätte oder als ob er mir etwas Wichtiges mitzuteilen hätte. Vielleicht war er mit meinem Ausmisten nicht zufrieden. Oder vielleicht hatte er auch gemerkt, dass ich am Tag zuvor einen Kratzer in seinen Sattel gemacht hatte, obwohl ich mich bemüht hatte, ihn wieder herauszureiben. Vielleicht hatte er auch einfach genug davon, mich dauernd um sich zu haben und wollte, dass ich gehe. Es war schwer zu sagen. Was es auch war, es war jedenfalls wichtiger als das Ausmisten, und das bedeutete wahrscheinlich schlechte Nachrichten.

Ich ging hinüber und stellte mich neben ihn. Er zündete sich gerade eine Zigarette an und nahm einen tiefen Zug, bevor er das Feuerzeug in die Tasche zurückschob und den Fuß auf die unterste Stange stellte. Er nahm die Zigarette aus dem Mund und stieß hellblaue Rauchwölkchen aus. Er schaute immer noch auf die Weide hinaus, aber ich erwartete, dass er jeden Augenblick etwas sagen würde und sah ihn an.

Etwa dreißig Sekunden vergingen, bevor mir klar wurde, dass er überhaupt nicht vorhatte, etwas zu sagen und dass das, weshalb er mich vom Misten abgerufen hatte, nicht im Corral war, sondern auf der Weide. Ich suchte sie mit den Augen nach einem niedergebrochenen Zaun, einem offen gelassenen Tor oder sonst etwas ab, das nicht

in Ordnung gewesen wäre – aber ich konnte nichts entdecken. Ich sah den alten Mann wieder an, und diesmal machte er eine Bewegung zu der Weide hin. Plötzlich blieb mein Blick an etwas hängen. Es war etwas Kleines mitten auf der Weide, vielleicht 75 Meter entfernt. Die Pferde hatten das Gras bis auf etwa Fußknöchelhöhe abgeweidet, so dass ich schließlich zwei halbwüchsige Karnickel erkennen konnte, die in der Sonne spielten. Nicht weit entfernt knabberte ein drittes, viel größeres Kaninchen am Gras, offenbar unbekümmert um die Anwesenheit der beiden jüngeren.

Das war sicher nicht das, weshalb mich der alte Mann von meiner Arbeit weggeholt hatte. Es war ganz lustig zu beobachten, aber war es nicht ein bisschen Zeitverschwendung? Schließlich hatte ich noch Boxen auszumisten. Fragend schaute ich zu dem alten Mann hoch. Ohne die Augen von den Kaninchen abzuwenden bedeutete er mir wieder, sie weiter zu beobachten.

Mittlerweile waren die beiden jungen Karnickel richtig in Fahrt gekommen. Sie jagten einander, fielen übereinander her und hopsten hoch, bevor sie wieder wie die Wilden ihre Kreise drehten. Es war der pure Übermut, aber ich kapierte immer noch nicht, warum ich mir das ansehen sollte.

Fünf Minuten später hatten sich die beiden ein Stück von dem älteren Kaninchen entfernt und kamen langsam außer Puste. Sie jagten sich zwar immer noch, aber mit weit weniger Begeisterung und Tempo als noch vor kurzem. Dann, als ob jemand einen Schalter umgelegt hätte, stoppten sie urplötzlich und sahen sich nur an. Selbst auf diese Entfernung konnte ich sehen, wie sich ihre kleinen Körper bei jedem schnellen Atemzug hoben und senkten.

Blitzartig wurde meine Aufmerksamkeit von etwas anderem gefesselt. Es war etwas in dem hohen Gras auf der anderen Seite der Weide. Es sah aus wie ein großer grauer

Hund, der auf dem Bauch lag und die beiden Langohren intensiv beobachtete. Ich hatte immer nur auf die Kaninchen geachtet und total verpasst, dass sich ein Kojote herangeschlichen hatte. Ich sah auf zu dem alten Mann, der den Kojoten ebenfalls gesehen hatte. Es schien ihm nichts auszumachen, dass auf die beiden kleinen Karnickel ein böses Schicksal lauerte.

Als ich wieder auf die Weide sah, brach der Kojote aus seinem Versteck und ging auf die beiden los. Das ältere Kaninchen war in Nullkommanichts in einem Erdloch verschwunden. Die Jungen versuchten zwar noch verzweifelt, das Loch ebenfalls zu erreichen, aber eines schaffte es nicht mehr. Offenbar erschöpft von ihrem Spiel zuvor hatte es einfach nicht mehr genug Brennstoff im Tank, um schneller zu sein als der Kojote.

Der Kojote trabte mit seiner Beute davon und der alte Mann drückte seine Zigarette am Zaunpfosten aus.

„Hätte wohl ein bisschen vorsichtiger sein sollen, denke ich."

Und damit drehte er sich einfach um und ging weg. Es blieb mir überlassen, die Situation zu überdenken.

Da ich wusste, dass der alte Mann nichts ohne Grund tat, musste ich nun nicht nur dahinter kommen, was das, was er mir gezeigt hatte, bedeutete, sondern auch was es in Beziehung auf mich bedeutete. Auf den ersten Blick schien diese Episode keinerlei Zusammenhang mit allem anderen zu haben, was derzeit vorging. Es dauerte aber nicht lange, bis ich merkte, wie falsch ich damit gelegen hatte.

Sehen Sie, ich hatte seit ein paar Wochen mit einer siebenjährigen Stute namens Star gearbeitet. Sie war sanft und gutmütig und hatte nur einen klitzekleinen Fehler: Sie war eines der faulsten Pferde, die ich je gesehen hatte. Sie gehörte dem alten Mann schon einige Zeit, aber er hatte sie nie viel eingesetzt. Meistens stand sie auf der Weide herum.

Eines Tages beschloss er aus heiterem Himmel, dass wir sie in Form bringen sollten, damit er sie verkaufen konnte. Bevor ich mich zum ersten Mal draufsetzte, ritt er sie eine Weile selbst, und sie ging für ihn wie ein Lamm. Sie machte ohne zu zögern absolut alles, was er von ihr verlangte, von einwandfreien Übergängen zu fliegenden Wechseln, Sliding Stops, Seitengängen und Rückwärtsrichten über die ganze Länge des Platzes. Nachdem ich das gesehen hatte, konnte ich es kaum erwarten, in den Sattel zu kommen, denn es sollte meine Aufgabe sein, sie jeden Tag zu arbeiten. Nun, meine Begeisterung schwand schnell dahin, als ich feststellte, dass ich sie kaum vom Schritt in den Trab bringen konnte. Die Wochen vergingen und ich wurde immer mutloser. Inzwischen musste ich schon froh sein, wenn ich sie aus dem Halten überhaupt in Bewegung brachte.

Ein paar Tage nach dem Zwischenfall mit den Kaninchen war ich wieder auf dem Platz und versuchte mit aller Macht, die Stute dazu zu bringen, dass sie für mich arbeitete. Wir waren Runde um Runde im Schneckentempo um den Platz gekrochen, obwohl ich ihr immer wieder in die Rippen getreten und ihr die Zügelenden übergeschlagen hatte, um das Tempo etwas zu beschleunigen. Sie reagierte nicht im mindesten auf meine Bemühungen, abgesehen von einem gelegentlichen Schweif- oder Kopfschlagen. Mitten in unserem Dahinkriechen sah ich, dass der alte Mann uns vom Zaun aus beobachtete.

„Wie geht's?", fragte er, während eine Schnecke im Sand an mir und Star vorüberzischte.

„Ich kriege sie überhaupt nicht vorwärts", erklärte ich voller Frust.

Er nickte langsam und stellte den Fuß auf die untere Stange. Star erblickte ihn, beschleunigte plötzlich das Tempo, ging schnurstracks auf ihn zu und hielt auf Armlänge vor ihm an. Der alte Mann streckte die Hand aus und streichelte sie sanft am Kopf.

„Das ist das faulste Pferd, das ich je gesehen habe", sagte ich aus meiner üppigen Erfahrung mit bis jetzt fünf oder sechs Pferden heraus.

Er lächelte und streichelte die Stute weiter.

„Faul, ja?", meinte er, als ob er mir zustimmte, aber ich wusste, dass dem nicht so war. „Ach, ich glaube nicht, dass sie faul ist. Smart vielleicht, aber nicht faul."

„Smart?", fragte ich. „Ich finde sie nicht besonders smart. Ich glaube, sie ist dumm."

Aus mir sprach der pure Frust, und der alte Mann wusste es. Er mochte es nicht, wenn man schlecht von seinen Pferden sprach. Langsam hörte er mit dem Streicheln auf und schaute mich dann mit einem Gesichtsausdruck an, der besagte: *Das reicht jetzt.* Ohne ein Wort drehte er sich um, ging durch das Tor und bedeutete mir abzusitzen, was ich nur zu gern tat.

Ohne auch nur die Steigbügel zu verstellen kletterte er in den Sattel, wendete den Pferdekopf nach links, schnalzte mit der Zunge, und ab ging's. Zu meinem Kummer sprang sie aus dem Halten ohne einen Zwischentritt in den Galopp. Am anderen Ende des Platzes machte sie einen Sliding Stop, wendete auf der Hinterhand und war schon wieder im Galopp. Der alte Mann – Zügel in einer Hand und die Füße aus den Steigbügeln – sah aus wie festgeklebt im Sattel. Sie flogen an mir vorbei, machten wieder einen Sliding Stop mit anschließendem Spin und galoppierten in die andere Richtung. Dieses Mal verlagerte der alte Mann etwa in der Platzmitte sein Gewicht leicht nach hinten, und die Stute parierte innerhalb von drei Tritten zum Schritt durch. Er beugte sich vor und sie galoppierte wieder an. Sie galoppierten einmal um den Platz. Als sie um die nächstgelegene Ecke kamen, parierten sie durch zum

Trab, dann zum Schritt und hielten schließlich genau vor mir an.

Es war das erste und einzige Mal, dass ich den alten Mann im Sattel oder bei irgendeiner anderen Gelegenheit „angeben" sah. Es war klar, dass er mir damit nicht hatte zeigen wollen, was er für ein guter Reiter, sondern was Star für ein gutes Pferd war. Der alte Mann saß ab und die Stute stand ruhig neben ihm. Beide sahen mich an, als wollten sie sagen: *Dumm, wie?*

„So", sagte er und hielt mir ruhig die Zügel hin. „Versuch es doch noch mal."

„Das macht sie bei mir nicht." Selbst ich konnte die Resignation in meiner Stimme hören. Der alte Mann hielt mir immer noch die Zügel hin.

„Das stimmt", meinte er mit einem Achselzucken. „Wenn du denkst, sie tut es nicht, dann tut sie es auch nicht. Vielleicht ist es an der Zeit, dass du anfängst zu denken, sie tut's."

Das ergab für mich nun überhaupt keinen Sinn, und als ich die Zügel übernahm und in den Sattel kletterte, müssen mir Verwirrung und Frust quer übers Gesicht geschrieben gewesen sein. Er ging hinüber zum Zaun und holte seine Zigaretten hervor.

„Es gibt bei Pferden etwas, was du verstehen musst", sagte er, während er die fast leere Packung so lange in den Fingern herumrollte, bis er die letzte Zigarette zum Vorschein gebracht hatte. Er zog sie heraus, drückte die leere Packung zusammen und steckte sie in seine Jeanstasche.

„Pferde sind ganz ähnlich wie diese Karnickel, die wir neulich beobachtet haben." Er zog sein Feuerzeug heraus und zündete das Ende der Zigarette an, die zwischen seinen Lippen hing. „Ihre einzige wirkliche Aufgabe in dieser Welt ist, von einem Tag zum nächsten zu überleben. Nichts sonst ist wichtig."

Dann erklärte er, dass Pferde (oder irgendwelche anderen Beutetiere) als Art nur überlebt hatten, weil sie smart genug waren zu wissen, wann es lohnte, Energie zu verbrauchen und wann nicht. Er benutzte die Kaninchen als Beispiel.

„Diese zwei jungen Karnickel haben in der Sonne gespielt", sagte er und lehnte sich an den Zaun. „Sie sind gelaufen, bis sie nicht mehr konnten. Der Nachteil dabei war, dass sie beim Spielen so viel Energie verbraucht hatten, dass keine mehr da war, als sie sie wirklich brauchten." Er nahm einen tiefen Zug von seiner Zigarette. „Wenn nun jedes Kaninchen von Anbeginn aller Zeiten an jeden Tag so viel Energie verbraucht hätte, hätten wir heute keine Kaninchen, oder? Sie wären alle längst tot."

Okay, aber was um alles in der Welt hatte das damit zu tun, dass die Stute bei mir nicht arbeiten wollte? Mir war klar, dass er mir etwas erklären wollte, aber ich konnte nicht erkennen, was. Meine Verwirrung muss immer noch deutlich zu sehen gewesen sein, denn normalerweise wäre er in einer ähnlichen Situation einfach gegangen und hätte es mir überlassen, daraus schlau zu werden. Stattdessen erklärte er weiter.

„Wenn diese Stute für dich arbeiten soll, muss ihr die Arbeit wichtig sein. Wenn sie ihr nicht wichtig ist, verlangst du von ihr, Energie zu verbrauchen, die sie nicht verbrauchen möchte. Sie könnte diese Energie später vielleicht brauchen, um einem Löwen, einem Bär oder einem Wolf zu entkommen."

„Hier gibt's keine Löwen, Bären oder Wölfe", warf ich mürrisch ein.

„Das weiß sie nicht", erwiderte er mit einem Lacheln. „Sie passt nur auf sich auf."

Weiter erklärte er, dass kein noch so intensives oder langes Training das ausmerzen konnte, was Mutter Natur in ein Tier hineingelegt hatte. Nur weil wir glauben, ein Pferd müsse etwas auf eine bestimmte Art und Weise tun, muss das Pferd die Sache noch lange nicht genauso sehen. Star wollte mir nur zu verstehen geben, dass ich von ihr nicht die Ausführung einer sinnlosen Aufgabe verlangen konnte, für die sie Energie verbrauchen würde, die sie später vielleicht brauchte.

„Also", sagte der alte Mann. „müssen wir einen Weg finden, das, was du willst, so wichtig zu machen, dass sie es mit dir zusammen tun möchte."

„Toll", sagte ich mit einer Spur von Sarkasmus. „Und wie mache ich das?"

Er sagte es zwar nicht so direkt, aber er gab mir zu verstehen, dass ich mir als Erstes eine andere Haltung angewöhnen müsste – was ich mir zu Herzen nahm. Er erklärte mir, dass meine Art zu reiten eine Menge damit zu tun hätte, wie Star die Situation beurteilte. Er erklärte, dass ich ohne Zweck und Richtung geritten sei. Ich hatte bis jetzt verlangt, sie solle gehen, hatte ihr aber kein Ziel angegeben.

Er wies mich darauf hin, dass ich die ganze Zeit, während ich mit den Beinen getrieben und sie mit den Zügelenden geschlagen hatte, um das Tempo zu beschleunigen, den Blick auf ihren Kopf gerichtet hatte. Da ich sie ansah statt den Punkt, wo ich hin wollte, gab ich ihr auch keine Richtung an. Die Stute hatte das Gefühl, dass ich ihr die Richtung überlassen hatte, und da Mutter Natur ihr sagte, es sei besser, so viel Energie wie möglich zu sparen, beschloss sie, lieber der Stimme von Mutter Natur zu folgen als mir.

Dadurch dass ich ständig auf ihren Kopf gestarrt hatte, war ich in einer Art Kugel geritten. Mein Kopf hing nach unten, was meinen Oberkörper nach vorn brachte und auch meine Schultern nach vorn zog. Für Star fühlte sich mein Körper dadurch wie ein großer, ungemütlicher Klumpen an, den sie verurteilt war herumzutragen. Es gab kein „Zusammensein" bei meiner Art von Reiterei. Ich ritt nur auf ihr, nicht mit ihr.

Ich musste mich etwas aufrechter in den Sattel setzen und meinen Blick dahin richten, wo ich hin wollte. Fast sofort konnte ich einen Unterschied in der Stute fühlen, obwohl wir immer noch standen. Ihr Kopf kam hoch und sie schien sich mehr auf mich zu konzentrieren als je zuvor.

„Da", sagte der alte Mann. „Und jetzt schau ans andere Ende vom Platz und such dir einen Pfosten aus, und da reitest du dann hin. Lass den Pfosten nicht aus den Augen."

Ich drehte den Kopf und schaute ans andere Ende des Platzes. Etwa in der Mitte war ein Pfosten, der etwas dicker war als der Rest. Den visierte ich an, dann nahm ich die Zügel und legte sie über ihren Hals, um ihr die Wendung in diese Richtung zu erleichtern. Sie reagierte sofort, und als ich mit der Zunge schnalzte, wie der alte Mann es getan hatte, setzte sie sich augenblicklich in Bewegung. Zu meiner Überraschung war ihr Schritt wesentlich lebhafter als in den vergangenen zwei Wochen, und bei dem Gedanken, dass wir uns tatsächlich schneller bewegen konnten als in unserem gewohnten Schneckentempo, wurde ich richtig aufgeregt. Ich schnalzte noch einmal, und sie legte noch einmal im Tempo zu.

Ich konnte es nicht glauben, wie gut sie plötzlich ging, und von hinten hörte ich den alten Mann rufen, ich solle antraben. Ich schnalzte wieder und legte leicht die Absätze an, einfach so, und schon trabte sie an. Noch ein Zungenschnalzen und ein Druck mit dem Absatz und wir waren in einem der schönsten Galopps, die ich je erlebt hatte. Ich fixierte immer noch den Pfosten, aber das Ende des Platzes kam sehr rasch näher.

„Lass sie umdrehen, such dir einen anderen Pfosten auf dieser Seite aus und reite ihn an", rief der alte Mann.

Ich drehte den Kopf, um auf die andere Seite des Platzes zu sehen, und sie begann eine wunderbar flüssige Wendung in diese Richtung. Ich suchte mir einen anderen Pfosten aus und ritt ihn an. Sie fiel nicht ein einziges Mal aus ihrem schönen, gleichmäßigen Galopp, bis wir wieder bei dem alten Mann ankamen. Ich nahm ganz leicht die Zügel an und sie kam ein kurzes Stück neben ihm ruhig zum Stehen.

„Da", sagte er und nickte ganz leicht. „Das ist der Unterschied zwischen auf ihr reiten und mit ihr reiten."

Was genau vorgegangen war, war schwierig zu verstehen. Es ging darum, dass ich vom Pferd nicht erwartete, dass es arbeitete, wenn ich nicht willens war, diese Arbeit mit ihm zusammen zu leisten. Als ich der Stute durch meinen Sitz und meine Körperhaltung signalisierte, dass ich eine Ahnung hatte, was ich überhaupt wollte, wurde die Arbeit für uns beide wichtig (auch wenn es nur darum ging, quer über den Platz zu kommen).

Damals war ich so begeistert von dem Fortschritt, den ich mit der Stute erzielt hatte, dass ein Großteil dessen, was der alte Mann gesagt hatte, mir völlig entging. Es war seine Erklärung dafür, warum sie anfangs nicht für mich arbeiten wollte – der Teil über die Energie, die sie sich für den Fall einer wirklichen Krise aufsparen wollte, wenn sie sie brauchen würde. Das war der wichtigste Einzelbestandteil bei der Arbeit mit Pferden, und ich hätte ihn beinahe überhört.

Damals war ich vielleicht zwölf oder dreizehn Jahre alt. Wenn man so jung ist, liegt einem der Gedanke an Tod und Sterben sehr, sehr fern. Diese Dinge sind einfach kein Thema für die meisten jungen Leute, weil sie sich fast immer geistig und körperlich unbesiegbar vorkommen. Und wenn sie unbesiegbar sind, warum sollten nicht auch alle anderen – Dinge wie Menschen – genauso unbesiegbar sein?

Als der alte Mann davon sprach, dass Pferde ihre Energie aufsparen für den Fall, dass sie sie wirklich brauchen, um einem Raubtier zu entkommen, kriegte ich das gar nicht richtig mit. Der Tod kam in meinem Kopf nicht vor. Und außerdem waren alle großen Raubtiere in unserer Gegend längst gefangen oder abgeschossen worden. Um was sollten sich die Pferde also Sorgen machen? Es ging mir nicht auf, dass er nicht nur von den paar Pferden auf seiner kleinen Ranch sprach, sondern von jedem Pferd auf unserem Planeten. Es ist ein Überlebensmechanismus, den die Evolution noch nicht getilgt hat und vielleicht nie tilgen wird. Es ist wahrscheinlich das Wichtigste überhaupt in der Natur des Pferdes, das, was die Art all diese Millionen Jahre am Leben erhalten hat. Dieses Bedürfnis, Energie zu sparen, ist sicher bei manchen Pferden ausgeprägter als bei anderen, aber es ist doch allen gemeinsam.

Nachdem ich das einmal verstanden hatte, war klar, dass an diesem „Überleben" mehr war, als es auf den ersten Blick schien. Damit meine ich, dass Pferde außerordentliche Anstrengungen machen, um nicht nur ihr eigenes, sondern auch das Überleben der Art zu sichern. Und es sind gerade diese Überlebensstrategien, die wir so oft fälschlich als Widersetzlichkeit, Unwillen oder Faulheit interpretieren.

Vor ein paar Jahren arbeitete ich zum Beispiel als Wrangler auf einer großen Ranch mit über 115 Pferden, die nur für den einzigen Zweck gehalten wurden, Leute auf Trailritte mitzunehmen. Diese Pferde wurden in jeder Hinsicht erstklassig versorgt. Sie wurden jeden Tag sorgfältigst geputzt, trugen das passende Sattelzeug, bekamen zweimal täglich Kraftfutter und nachts ein erstklassiges Heu und wurden von allen Wranglern anständig behandelt. Als Gegenleistung schien den meisten Pferden die Arbeit Spaß zu machen. Es machte ihnen offenbar nichts aus, Tag für Tag im Schritt dieselben langweiligen Trails zu absolvieren.

Ein Pferd allerdings fiel aus dem Rahmen. Kit war eine zehnjährige Stute und geradezu extrem ruhig, weshalb sie fast nur unter Kindern ging. Sie machte nie Theater, blieb immer in der Reihe, versuchte nur selten, rechts und links einen Grasbüschel zu erhaschen, wie es die anderen Kinderpferde gern taten, und erledigte ihre Arbeit ohne viel Aufhebens. Ihr einziges Problem war ihre Langsamkeit. Und wenn ich langsam sage, dann meine ich wirklich langsam. Sie war manchmal so langsam, dass sie sich kaum zu bewegen schien. Jeder Wrangler wusste, dass er seine Truppe mit fünfzehn bis dreißig Minuten Verspätung in den Stall zurückbringen würde, sobald Kit dabei war. Deshalb hatten die meisten von uns Abkürzungen ausfindig gemacht, die den Trail um bis zu einer Viertelmeile abkürzten und uns erlaubten, rechtzeitig zurück zu sein. Diese Abkürzungen wurden bald nur noch „Kit-Trails" genannt.

Wegen ihrer Langsamkeit setzte der Boss sie nicht allzu gern ein. Andererseits war sie in vieler Hinsicht ein so gutes Pferd, dass er sie auch nicht loswerden wollte. Sie war zwar langsam, aber sie war auch sehr ruhig und sicher, genau das richtige Pferd für Kinder auf ihrem ersten Trailritt.

Schließlich hatte einer der Wrangler, eine junge Frau, genug von ihrem Schneckentempo auf dem Trail und beschloss, mit ihr an einem schnelleren Schritt zu arbeiten. Sie saß auf und begann, sie mit den Absätzen und den Zügelenden zu traktieren – so ähnlich wie ich es damals mit Star gemacht hatte. Sie saß auch sehr ähnlich im Sattel wie ich damals. Sie war im Sattel vornübergefallen und starrte wie gebannt auf Kits Kopf. Kit setzte nichtsdestotrotz einen Fuß so langsam vor den anderen, dass sie sich rückwärts zu bewegen schien. Nach etwa 5 Minuten wurde die junge Frau ganz schön wütend, sprang ab, band Kit an und lief ins Haus, um ihre Sporen zu holen.

Als sie zurückging, bemerkte der Boss die Sporen an ihren Stiefeln und hielt sie an. Die junge Frau erklärte, dass sie versucht hatte, Kit zu schnelleren Bewegungen zu ani-

mieren, aber keinen Erfolg gehabt hatte. Deshalb hatte sie
beschlossen, die Sporen anzuziehen und ihr hoffentlich
eine Lektion zu erteilen.

„Für diese Stute brauchst du keine Sporen", sagte der
Boss. Er ging hinüber, band Kit los, saß auf, wendete ihren
Kopf zur Seite, legte kurz die Absätze an, und los ging's. Sie
galoppierte mühelos über den Hof, um einen Baum herum,
einen kleinen Hügel hinauf und zurück zu meiner Wrang-
ler-Kollegin. Der Boss saß ab und übergab ihr die Zügel.

„Du brauchst ihr nicht beizubringen, schneller zu
gehen. Sie weiß schon, wie das geht", erklärte er ihr. „Sie hat
sich nur ausgerechnet, wie sie am besten über die Runden
kommt."

Er hatte Recht. Kit hatte sich ausgerechnet, wie sie mit
dem geringstmöglichen Aufwand gerade noch ihren Job
behalten konnte. Ich glaube, sie hatte verstanden, dass sie
um so schneller auf den nächsten Trail geschickt werden,
also mehr arbeiten würde, je schneller sie nach Hause kam.
Wenn sie dagegen langsam genug ging, mussten sich nicht
nur alle anderen Pferde ihrem Tempo anpassen, sondern es
verkürzte sich auch die Zeit, die sie insgesamt arbeiten
musste. Darüber hinaus hatte sie die Wrangler dazu
gebracht, die Trails abzukürzen, wenn sie dabei war. Auch
wenn sie einmal eingesetzt wurde, arbeitete sie also weniger
als andere Pferde.

Im Energiesparen hatte Kit es zur Meisterschaft
gebracht. Sie hatte Kleinigkeiten herausgefunden, die sie zu
ihrem Vorteil einsetzen konnte und so Mittel und Wege
gefunden, ihre „Umgebung" ihren speziellen Bedürfnissen
anzupassen.

Nun kommen sicher ein paar Leute und sagen, Pferde seien nicht intelligent genug, solche Sachen herauszufinden. Vielleicht haben sie ja Recht. Aber was, wenn sie
nicht Recht haben? Was, wenn Pferde sich solche Dinge aus-

rechnen können? Was, wenn sie so weit vorausdenken können?

Ich habe noch ein anderes Beispiel dafür, dass Pferde in einer bestimmten Situation vorausdenken können. Es ist ganz einfach und sehr weit verbreitet. Ich spreche von Pferden, die sich aufblasen, wenn der Sattelgurt angezogen wird. Mit diesem Problem haben die meisten Pferdeleute von Zeit zu Zeit zu kämpfen. Meist ist das Pferd ein paarmal so streng gegurtet worden, dass es ihm unangenehm war. Um dieser vorweggenommenen Unannehmlichkeit aus dem Weg zu gehen, bläst das Pferd seinen Brustkorb auf, während der Gurt angezogen wird. Ist er dann fest, lässt es die Luft wieder ab und der Gurt liegt gerade noch angenehm an – in den Augen des Pferdes.

Diese Angewohnheit ist ärgerlich für den Reiter, aber auch vermeidbar. Wenn der Gurt nicht so weit angezogen worden wäre, dass das Pferd das Gefühl hatte, sich verteidigen zu müssen, wäre das Problem gar nicht erst entstanden. Das Interessante daran ist für mich, dass die Pferde auf der ganzen Welt schlau genug waren herauszufinden, wie sie sich in dieser Situation behelfen konnten. Niemand hat ihnen gesagt, wie man seinen Brustkorb aufbläst, damit der Druck nicht so unangenehm wird. Sie haben es ganz allein herausgefunden.

Tausende, vielleicht Millionen Pferde sind unabhängig voneinander zur selben Lösung dafür gekommen, wie man einen zu engen Sattelgurt „entschärft". Für mich ist das ein klarer Fall von Selbsterhaltung auf passive Art. Das Pferd verteidigt sich, ohne Zuflucht zu körperlicher Gewalt zu nehmen. Wenn man so will, ist es ein Versuch, Streit zu vermeiden und gleichzeitig doch zu erreichen, was seinen Interessen am meisten dienlich ist.

Je mehr ich mit Pferden zu tun habe, desto klarer wird mir, dass genau das – in den meisten Fällen – typisch für sie ist. Anscheinend gibt es für sie nichts Wichtigeres, als mit dem geringsten Aufwand an Zwist und Streit durch den Tag zu kommen und gleichzeitig kein Risiko einzugehen. Sie scheinen immer bewusst nach Wegen Ausschau zu halten, wie sie dieses Ziel am besten erreichen können.

Das bringt mich wieder auf Kit. Wenn der Arbeitstag zu Ende war, wurden alle 115 Pferde oder mehr auf einen riesigen Sand-Paddock gebracht. Dort blieben sie über Nacht und wurden mit Heu gefüttert. Sobald das Heu in die Raufen verteilt wurde, brachen kleinere Streitereien aus. Es waren keine richtigen Kämpfe, mehr eine Reihe von Rempeleien und Raufereien zwischen „Boss-Pferden", die ihre Dominanz über die Rangniedrigen der Herde ausübten und ihnen klar machten, wo und wann sie fressen durften.

Kit war selten in diese Rempeleien verwickelt. Sie stand abseits, bis alles Heu verteilt war und die Pferde sich um ihre diversen Raufen versammelt hatten. Dann, und erst dann suchte sie sich die Raufe mit den wenigsten Pferden aus, ging hinüber und begann zu fressen. Selten bis nie kam es zu einem Streit.

Im Verlauf der Wochen fiel mir allmählich etwas Interessantes auf. Zur Futterzeit rannten nicht mehr alle Pferde zu den Raufen, sobald das Heu ausgeteilt wurde, sondern drei oder vier blieben abseits neben Kit stehen. Wenn sich der Staub gelegt hatte und alle anderen Pferde am Fressen waren, suchte sich Kit die Raufe mit den wenigsten Pferden aus und ging hinüber. Die Pferde, die bei ihr gewartet hatten, folgten ihr wie einem Magneten. An der von Kit ausgesuchten Raufe gab es keine Streitereien, die Pferde schienen wunderbar miteinander auszukommen. Noch ein paar Wochen später waren noch einmal drei oder vier Pferde dazugekommen. Bis zur Sommermitte folgten Kit acht oder zehn Pferde auf Schritt und Tritt. Ging sie zur Tränke, gingen alle zur Tränke. Stellte sie sich in den Schatten, stellten sich alle in den Schatten. Wenn sie fraß, fraßen alle.

Kit schien ihre Popularität nicht zu stören. Sie akzeptierte die anderen, als ob sie mit ihnen aufgewachsen wäre. Die kleine Herde, die ihr folgte, schien nie in Streit zu geraten und lebte relativ friedlich, solange sie alle zusammen waren.

Im Lauf der Zeit entstanden immer mehr solcher kleinen Herdenverbände innerhalb der großen Herde. In jeder Gruppe wählten sich die Pferde freiwillig ein Pferd als eine Art Führer aus. Meistens waren dies Pferde, die Kit im Verhalten und Temperament sehr ähnlich waren – ruhig, unaufdringlich und sehr beständig.

Im Gegensatz dazu gab es andere, viel kleinere Herdenverbände, in denen Ruhe und Beständigkeit Fremdwörter waren. Diese Pferde waren ständig in Aufruhr, bekriegten und jagten sich jeden Tag von neuem.

Je mehr Zeit verging, desto klarer zerfiel die Herde von über 115 Pferden in zwei verschiedene Abteilungen, die man am besten als die der „Bestimmer" und die der „Nicht-Bestimmer" bezeichnen würde. Die „Bestimmer" waren Pferde, die ganz offensichtlich das Sagen hatten, auch wenn es nur zehn oder zwölf von ihnen gab. Sie waren das, was man vermutlich die „Boss-Pferde" oder Alphas nennen könnte – sie fraßen zuerst, tranken zuerst und standen morgens als Erste am Tor, damit sie als Erste in den Stall an ihren Hafer kamen. Der Rest – die „Nicht-Bestimmer" – standen im Rang weit unter ihnen, obwohl sie fast zehn zu eins in der Überzahl waren.

Das Interessante daran war der ausgeprägte Unterschied im Verhalten der zwei Lager. Die Mehrzahl der Herde, die „Nicht-Bestimmer", griff sich gegenseitig selten an. Das heißt nicht, dass es überhaupt nie passierte, aber es kam nicht oft vor. Wenn es ums Fressen oder Trinken ging, schien die meisten damit zufrieden abzuwarten, bis sie an der Reihe waren. Manchmal wirkten sie richtig höflich und ließen anderen Pferden den Vortritt in der Warteschlange vor der Tränke oder der Futterraufe.

Die „Bestimmer" dagegen ließen keine Gelegenheit aus, Unruhe zu stiften. Keinem von ihnen wäre es eingefallen, einem anderen am Futter oder an der Tränke den Vortritt zu lassen. Es reichte sogar schon, wenn ein Pferd ein wenig zu dicht an einem „Bestimmer" vorbeiging, damit dieser einen wütenden Angriff auf den unglücklichen „Nicht-Bestimmer" startete. Das Ergebnis war, dass die „Bestimmer" die meiste Zeit damit verbrachten, ihre Dominanz auszuüben und damit Unruhe zu stiften, während die „Nicht-Bestimmer" die meiste Zeit damit verbrachten, ihnen aus dem Weg zu gehen. Die daraus resultierende Trennung der Herde war ganz offensichtlich. Die „Bestimmer" blieben so ziemlich unter sich und die „Nicht-Bestimmer" desgleichen.

Seither hatte ich öfter Gelegenheit, große Herden domestizierter Pferde in einer ähnlichen Ranchumgebung zu beobachten. Sie umfassten zwischen 35 und 80 oder mehr Pferde. Alle Herden blieben sich von einem Jahr zum anderen so ziemlich gleich in der Zusammensetzung, das heißt, es gab wenig Neuzuwachs und nur wenige gingen weg. In Folge dessen gab es auch wenig Rangkämpfe, wenn sich eine Herde erst einmal etabliert hatte.

In jedem Fall entwickelten sich die Herden sehr ähnlich wie die von Kit. Alle begannen mit einer kleinen Zahl von Boss-Pferden oder Alphas. Von da ausgehend zweigten einige kleinere Satellitenverbände ab, die jeweils von einem Pferd geführt wurden, das offenbar von den anderen Mitgliedern der Gruppe als Führer ausgewählt worden war.

Keiner der Alphas hatte Interesse daran, sich mit einem anderen Herdenmitglied zu befreunden. Sie zeigten ihre Dominanz, wo immer sich Gelegenheit dazu fand. Einmal beobachtete ich sogar einen Alpha namens Scooter, der ganz allein zehn andere Pferde auf Abstand hielt, bis er selbst fertig getrunken hatte. Dazu attackierte er zweimal wütend ein paar Pferde, die sich zu nah herangewagt hatten, und den Rest hielt er sich mit drohenden Blicken vom Leib. Als er fertig war und von der Tränke wegging, wichen die anderen zur Seite aus und ließen ihn durch wie Moses im Roten Meer. Es war klar, dass sie Angst hatten vor Scooter und dem, was er ihnen antun konnte. Manche würden vielleicht sagen, sie respektierten Scooter und seine Position als Alpha. Ich denke, für mich sah es ein bisschen anders aus, und für die Pferde wohl auch.

Ging dagegen einer der „gewählten" oder „sanften" Führer der Satellitenverbände zur Tränke, folgten ihm oder ihr fast immer sämtliche andere Mitglieder dieses Verbands. Fast immer fing der sanfte Führer an zu trinken, während die anderen ruhig daneben standen. Hatte er oder sie ein paar Schluck genommen, kamen die anderen langsam näher, und schließlich tranken alle zusammen. Keine Drohungen, keine Attacken, keine ängstlichen Reaktionen. Wenn der Führer von der Tränke wegging, gingen die anderen mit.

Die Beziehungen zwischen diesen Pferden zu beobachten öffnete mir regelrecht die Augen. Zum ersten Mal wurde mir richtig klar, was der alte Mann damit gemeint hatte, dass Pferde versuchen Energie zu sparen. Ich begriff auch, dass Pferde sich einige Gedanken darüber machen, wie sie diese Energie über den Tag einsparen können. Hauptsächlich sparen sie in einer Herdensituation dadurch Energie, dass sie freiwillig einem Führer folgen, von dem sie wissen, dass er keinen unnötigen Stress oder Ärger verursacht. Bei den Herden, mit denen ich gearbeitet habe, war der gewählte Führer so gut wie nie der Alpha, sondern eher ein Pferd, das seine Führungsqualitäten von einem Tag zum andern auf eine ruhige und beständige Art bewiesen hatte. Mit anderen Worten: Es war ein Pferd, das durch sein Beispiel führte, nicht durch Gewalt.

Bevor Sie jetzt eine falsche Vorstellung bekommen, lassen Sie mich etwas erklären. Ich versuche hier nicht, mich als eine Art Autorität in Sachen Pferdeverhalten zu präsentieren, denn so sehe ich mich keineswegs. Ich gebe nur ein paar Beobachtungen weiter, die ich bei Pferden innerhalb einer Herde gemacht habe und die erheblichen Einfluss darauf hatten, wie ich seither Pferde gesehen und wie ich mit ihnen gearbeitet habe.

Damals als ich noch mit dem alten Mann zusammenarbeitete, war mir aufgefallen, dass er eine Art zu gehen hatte, die alles, was er tat, sehr gemütlich wirken ließ. Auch er führte durch sein Beispiel, sehr ähnlich den sanften Führern in den Pferdeherden. Er war immer sehr rücksichtsvoll und überlegt, sowohl Menschen wie Pferden gegenüber, und er wandte nie Gewalt an, höchstens zu seiner Verteidigung. Seine Pferde reagierten sehr positiv auf seine Art und waren immer willig, aufmerksam und freundlich. Rückblickend habe ich damals wohl gedacht, Pferdeleute wären einfach so. Als ich älter wurde, stellte ich fest, dass dem nicht so war. Viele Leute haben keine Hemmungen, Dominanz über ihre Pferde auszuüben. Und anscheinend sind sie es, die die misstrauischen, unwilligen und manchmal defensiven Pferde haben.

Im Verlauf der Jahre, in denen ich mit immer wieder anderen Pferden arbeiten konnte, wurde mir klar, dass die Reaktionen, die ich erhielt, umso besser ausfielen, je mehr ruhige Beständigkeit ich im alltäglichen Zusammensein an den Tag legte. Dagegen scheinen sie umso mehr Probleme zu entwickeln, je unbeständiger ich mit ihnen umgehe.

Hier ein Fallbeispiel: Vor Jahren hatte ich einen kleinen Ausbildungsstall, in dem frisch eingefangene Mustangs als Anschauungsmaterial dienten. Im ersten Jahr nahmen wir die Mustangs fast sofort in Ausbildung, was ihnen wenig Zeit ließ, uns kennen zu lernen und umgekehrt. Das Ergebnis war, dass es den Pferden sehr schwer zu fallen schien, auch nur die einfachsten Dinge, die wir ihnen im Frühstadium der Ausbildung beizubringen versuchten, zu verstehen und zu behalten.

Nach dem ersten Jahr überdachten wird die Situation und kamen zu dem Schluss, dass die Pferde möglicherweise deshalb solche Probleme hatten, weil sie überfordert waren. Es war so viel passiert in den wenigen Monaten, seit sie gefangen worden und sie zu uns gekommen waren, dass sie total desorientiert waren – buchstäblich. Das Leben, das sie geführt hatten, war vorbei, die Pferde, mit denen sie aufgewachsen waren, waren verschwunden. Die Struktur, die die Herde vorgegeben hatte, existierte nicht mehr. Stattdessen waren da ein paar Leute, die ihnen klar zu machen versuchten, was für eine Art Pferd aus ihnen werden sollte. Ihr Leben stand Kopf, und sie hatten Schwierigkeiten, auch nur routinemäßige Dinge zu begreifen, von einer Ausbildung ganz zu schweigen.

Also versuchten wir im zweiten Jahr etwas anderes. Statt die Mustangs sofort ins Training zu nehmen, wenn sie zu uns kamen, beschlossen wir, ihnen ein bisschen Zeit zu lassen. Wir gaben ihnen Zeit, sich an ihre Umgebung zu gewöhnen, ohne uns groß einzumischen, versuchten aber gleichzeitig, so etwas wie eine Struktur in den Tagesverlauf zurückzubringen.

Wir brachten sie also in Einzelpaddocks unter, aber so, dass sie sich sehen konnten und wussten, dass sie wenigstens nicht allein waren. Wir führten ein strenges Futterprogramm ein und fütterten sie jeden Tag um genau die gleiche Zeit. Auch die Paddocks wurden jeden Tag um die gleiche Zeit ausgemistet. Unser Plan war, den Pferden etwas zu vermitteln, auf das sie sich verlassen konnten, und sei es nur die Futterzeit oder das Ausmisten. Vom Tag ihrer Ankunft an merkten sie, dass bei Tagesanbruch, wenn die Sonne über den Berg kam, jemand mit Heu an ihrem Paddock aufkreuzte. Wenn die Sonne hoch am Himmel stand, kam jemand und machte den Paddock sauber. Wenn die Sonne unterging, kam wieder jemand mit Heu – und das jeden Tag um die gleiche Zeit.

Die ersten anderthalb Wochen blieben die Mustangs scheu und liefen ans andere Ende des Paddocks, sobald jemand auftauchte. In der nächsten Woche oder so waren sie noch nervös, wurden aber immer neugieriger und hatten nicht mehr so viel Angst vor Menschen, die ihren Paddock betraten. Nach der dritten Woche akzeptierten sie unsere Gegenwart und waren oft schon so ruhig geworden, dass wir mit dem Training anfangen konnten. Nicht alle waren nach drei Wochen so weit. Manche brauchten länger, andere nicht so lang. Aber in jedem Fall waren sie wesentlich klarer im Kopf, wenn wir mit der Ausbildung anfingen, und schienen besser mit dem umgehen zu können, was wir ihnen zu zeigen versuchten.

Das Seltsame daran ist, dass wir in diesen ersten drei Wochen absolut nichts taten, was die meisten Leute als Training betrachten würden. Und doch schienen diese drei Wochen den Unterschied auszumachen, der die Pferde in die Lage versetzte zu akzeptieren, was die Zukunft für sie bereithielt. Kurz gesagt denke ich, dass wir ihnen zeigten, dass wir ihnen nichts tun wollten, und deshalb konnten sie ihre Abwehr ein wenig aufgeben. Und an diesem Punkt konnten sie anfangen, uns als jemand zu sehen, dem sie vielleicht vertrauen konnten. Die Schwierigkeit lag darin, dieses Vertrauen zu erhalten, nachdem es einmal entstanden war. Und die drei Dinge, die unserer Erfahrung nach am meisten dazu beitrugen, dieses Vertrauen zu erhalten, waren, dass wir uns immer und überall als ruhig, beständig und zuverlässig erwiesen – sehr ähnlich dem sanften Führer, den sich die Pferde aussuchten, wenn sie in einer Herde lebten.

Wenn ich es genau betrachte, ist es genau so, wie der alte Mann gesagt hat. Es gibt bei Pferden etwas, das wir alle verstehen müssen – ihre einzige wirkliche Aufgabe im Leben ist, von einem Tag zum anderen am Leben zu bleiben. Nichts sonst ist wichtig.

Ich glaube, wenn wir diese eine kleine, aber äußerst wichtige Sache erst einmal verstanden haben – und ich meine richtig verstanden –, dann und nur dann können wir anfangen, die Kluft zwischen uns zu überbrücken. Schließlich und endlich ist es eine Brücke, deren Konstruktion sie uns zeigen müssen. Klar, wir haben das Werkzeug, um sie zu bauen, aber sie haben den Plan.

OTIS UND BUCK –
ZWEI PFERDE-CHEFS

Seine Ankunft war nicht gerade feierlich. Der nicht mehr ganz junge Rotschimmelwallach namens Otis, der auf der mit einem Viehgatter versehenen Ladefläche eines alten Pickups angebunden stand, war dünn und insgesamt in schlechter Verfassung. Der Pickup fuhr in die Weide hinein und rückwärts an die Zufahrt zum Anwesen des alten Mannes heran, die vielleicht einen halben Meter über dem Niveau der Weide lag. Als die rückwärtige Stoßstange die Schräge berührte, kletterte ein schwergewichtiger, auf einer Zigarre kauender Mann in einem ärmellosen T-Shirt aus der Fahrerkabine und ging zur Rückseite.

Dort stand schon der alte Mann, und er hatte diesmal keinen Sinn für den üblichen Smalltalk, wenn Pferde angeliefert wurden. Er sah herüber in meine Richtung.

„Hol ein Halfter", rief er.

Ich zog ein Halfter und einen Führstrick von dem großen Nagel auf der Innenseite des Scheunentors und ging zu dem alten Mann zurück. Er nahm mir das Halfter aus der Hand und nickte dem Schwergewicht zu, das Gatter zu öffnen. Der Mann packte ein schmutziges Seil, das über eine Rolle oberhalb des Gatters lief und zog daran, bis das Tor anfing sich zu heben. Als es halb oben war, zog der alte Mann den Kopf ein und kletterte auf die Ladefläche des Pickups.

„Ich weiß, er sieht im Moment nach nicht viel aus", sagte das Schwergewicht mit einer Andeutung von Trauer in der Stimme. „Aber zu seiner Zeit war er wirklich ein hübsches Pferd."

Der alte Mann ging freundlich zu dem Wallach hinüber und zog ihm das Halfter über die Nase. Langsam griff er über den Pferdenacken, packte den Nackenriemen, holte ihn auf seine Seite und schnallte ihn zu.

„Ich hätte ihn diesen Leuten überhaupt nicht verkaufen sollen", brummte der Mann. „Er ist ein viel zu gutes Pferd und hat so eine Behandlung nicht verdient."

Der alte Mann nickte und bedeutete dem Mann, das Tor ganz aufzuziehen. Mit viel Gequietsche und Gescharre ging das Tor hoch und wurde festgemacht. Der alte Mann blieb neben dem Pferd stehen, bis das Tor befestigt war, dann führte er das Pferd langsam zur Rückseite. Einen Augenblick zögerte der Wallach, aber dann machte er einen Schritt über den Zwischenraum zwischen Stoßstange und Abhang, ging ein paar Schritte und stieß die Nase ins Gras.

Der alte Mann ließ ihn kurz fressen und zog dann leise am Strick, bis der Wallach den Kopf hob. Er machte kehrt und ging mit dem Pferd zur Rückseite der Scheune, wo ein sauberer Corral wartete. Er führte Otis hinein und zog ihm das Halfter wieder ab. Der Wallach ging sofort zum Futtertrog hinüber, der überquoll von frisch geschnittenem Gras, und begann zu fressen.

Es dauerte fast einen Monat, bis Otis so viel Gewicht zugelegt hatte, dass man ihn reiten konnte. Selbst dann war er immer noch ziemlich dünn, und da ich nur etwa 85 Pfund wog, wurde ich für den ersten Ritt ausgewählt. Ich merkte sehr schnell, dass das Schwergewicht Recht gehabt hatte – Otis war tatsächlich ein tolles Pferd. Er war extrem sensibel und willig und ging überall hin, wo man seine Nase hinlenkte – auch durchs Wasser und über Brücken, über umgestürzte Baumstämme oder seitwärts, wenn es ein Tor zu öffnen galt. Er war eines der rittigsten Pferde, auf denen zu sitzen ich je das Vergnügen hatte.

Otis blieb die nächsten Wochen in seinem Corral, damit er wieder auf sein Normalgewicht kam, und der alte Mann sagte mir, ich solle für seine tägliche Bewegung sorgen. Meistens sattelte ich ihn und ritt kurze Strecken über die Trails durch die Felder hinter dem Anwesen. Wenn Otis mich mit dem Halfter in der Hand kommen sah, kam er jeden Tag zum Tor und begrüßte mich mit einem Wiehern. Er schien sich wirklich zu freuen, mich zu sehen und verließ den Paddock voller Begeisterung, wenn wir Richtung Sattelkammer gingen, damit ich ihn fertig machen konnte. Waren wir erst einmal auf dem Trail, verweigerte mir Otis nicht ein einziges Mal den Gehorsam. Was ich auch von ihm verlangte, er führte es so präzise und willig aus, wie ich es noch bei keinem Pferd erlebt hatte. Nachdem ich ihn ein paar Wochen jeden Tag geritten hatte, war ich überzeugt, dass Otis *das* vollkommene Pferd schlechthin war.

Diese meine Vorstellung von ihm als dem vollkommenen Pferd begann sich leider eines sonnigen Nachmittags zu ändern. An diesem Tag entschied der alte Mann, dass Otis jetzt genug Gewicht zugelegt und Muskeln bekommen habe und nicht länger für sich allein leben müsse. Es war Zeit, ihn mit dem Rest der Herde bekannt zu machen, damit er mit ihnen zusammen auf die Weide gehen konnte.

Der alte Mann hatte dafür eine einfache Methode. Er nahm Otis aus seinem alten Paddock heraus und stellte ihn in einen, der direkt an die große Weide angrenzte. Die Pferde konnten alle herüberkommen und mit Otis über den Zaun Bekanntschaft schließen. So war für eine physische Barriere zwischen ihnen gesorgt, die das Risiko von Verletzungen minimierte, wie sie oft entstehen, wenn ein neues Pferd in eine etablierte Herde kommt. Kannten sich die Pferde erst einmal über den Zaun, was gewöhnlich ein paar Tage dauerte, würde er Otis zur Herde stellen. Bis dahin würde Otis hoffentlich gelernt haben, von welchen Pferden er sich besser fern hielt und welche als Kumpel in Frage kamen.

Ich muss zugeben, dass ich mir ziemliche Sorgen um Otis machte, als er in den neuen Paddock kam. Ich musste immer daran denken, dass dieses „vollkommene Pferd" von den anderen Pferden Prügel beziehen würde, die sich gewaschen hatten, auch wenn es nur über den Zaun war. Er war so ein wohl erzogener, freundlicher Kerl, dass ich mir einfach nicht vorstellen konnte, wie er sich verteidigen sollte. Es war ihm sicher nicht gegeben, sich vor den Angriffen der dominanten Pferde in der Herde zu schützen, besonders nicht vor dem einen Pferd, das solange ich denken konnte der Herdenboss gewesen war, ein großer brauner Wallach namens Captain.

Ich hatte den neuen Paddock schon vorbereitet, den Wassertank gefüllt und Heu in die Raufe am Tor gelegt. Wie immer begrüßte er mich begeistert am Eingang zu seinem alten Paddock und ließ sich ohne Schwierigkeiten aufhalftern. Ich führte ihn zu seinem neuen Paddock hinüber, ließ ihn los, schloss das Tor und blieb stehen, um zu beobachten, was passieren würde.

Otis ging sofort zu seinem Heu und begann zu fressen. Die Herde war an einem weit entfernten Ende der Weide und es dauerte ein paar Minuten, bis das erste Pferd ihn überhaupt bemerkte. Wie erwartet war dies Captain. Auf dreihundert Meter Entfernung konnte ich sehen, wie Captain den Kopf aus dem hohen Gras hob und in Otis' Richtung sah. Seine Ohren waren gespitzt und sein Körper nahm plötzlich einen starren Ausdruck an.

Otis schien keine Notiz zu nehmen und kaute weiter an seinem Heu. Das heißt, bis Captain langsam zum Paddock herüberkam. Zu diesem Zeitpunkt hatte Otis den Kopf aus dem Trog gezogen und warf einen Blick in Captains

Richtung. Captain ging vom langsamen Schritt in den Trab über und stürmte schließlich im gestreckten Galopp los. Der Rest der Herde wurde aufmerksam und folgte dicht dahinter. Es war ein beeindruckender Anblick, wie fünfunddreißig Pferde, angeführt von dem großen Braunen, auf Otis zugerast kamen.

Ich wendete meine Aufmerksamkeit wieder Otis zu, der nur ein paar Meter von mir entfernt stand. Da passierte etwas sehr Seltsames – Otis verwandelte sich in etwas, das ich all die Wochen vorher nie gesehen hatte. Es war fast wie die Verwandlung Clark Kents zu Superman.

Otis wurde von dem netten, ruhigen, liebenswerten kleinen Pferd, das da gemütlich sein Heu mampfte, vor meinen Augen zu einem massiv wirkenden, hengstähnlichen Monster. Ich könnte schwören, dass er, während ich zusah, mindestens zehn Zentimeter größer wurde und seine Farbe wechselte! Und nicht nur das – je näher die Herde kam, desto größer schien Otis zu werden. Unter seinem Fell spielten die Muskeln, er stampfte auf den Boden, als ob er einen Feind zertrampeln wollte, schüttelte die Mähne und quietschte so laut, wie ich nur je ein Pferd hatte quietschen hören.

Plötzlich stürmte Otis los und traf mit den anderen Pferden genau am Zaun zusammen. Inzwischen hatten sich seine Augen von sanftem Braun, wie ich es gewohnt war, zu feurigem Rot verändert. Aus Ohren und Nüstern schlugen Flammen und stiegen Rauchwölkchen auf – rund herum ein umwerfender Anblick.

Otis' funkensprühender Anblick verfehlte nicht seine Wirkung auf die anderen Pferde. Die meisten stoppten kurz vor dem Zaun, mit einem Gesicht, als wollten sie sagen: *Wir sind uns nicht sicher, ob wir zu nahe herankommen sollten. Dieser Bursche hier macht uns leicht nervös.*

Captain dagegen ließ sich nicht abschrecken und kam zu Otis her. Inzwischen war Otis beinahe fünf Meter groß und wölbte seinen Hals in einer höchst eindrucksvollen Begrüßung über den Zaun. Auch Captain wölbte den Nacken, aber er brachte es nur auf das Aussehen eines hölzernen Karusselpferdchens, wie ich sie beim Karneval gesehen hatte. Die beiden schnarchten sich ein paar Minuten über den Zaun an, und dann, mit Zähnen, die jetzt gute zehn Zentimeter lang waren, biss Otis Captain kräftig in den Hals. Captain fuhr herum und schlug mit beiden Hinterbeinen nach Otis aus, aber der rührte sich nicht einmal. Captain schlug wieder aus und traf mit dem linken Hinterhuf den Zaunpfosten. Der rührte sich auch nicht, und der Schock dieses Aufpralls auf etwas so Festes kam für Captain als Überraschung. Er trottete ein paar Meter weg, leicht lahmend auf der linken Hinterhand, bevor er sich wieder Otis zuwandte, bis sich ihre Nasen berührten. Otis biss Captain wieder, diesmal in die Backe, dann wieder in den Hals. Captain zog sich zurück.

Die anderen Pferde blieben auf Abstand und schienen etwas verblüfft darüber zu sein, dass Captain mit Otis nicht fertig werden konnte. Schließlich war Captain seit ewigen Zeiten Herdenchef gewesen. Nie hatte es ein Pferd gegeben, das er sich nicht auf die eine oder andere Weise unterworfen hätte. Aber in der kurzen Zeit, die Otis und Captain jetzt die Nasen aneinander hatten, wurde schnell klar, dass Captain seinen Meister gefunden hatte.

Captain kam noch einmal zurück, achtete aber sorgsam darauf, nicht in die Reichweite von Otis' Zähnen zu geraten, die inzwischen noch um mindestens fünf Zentimeter länger geworden waren. Otis quietschte, stieg und drehte sich auf den Hinterbeinen im Kreis. Auch Captain stieg, aber es wirkte nicht halb so dramatisch. Die Herde sah sich diese Vorstellung ein paar Minuten an, schien dann genug davon zu haben und begann sich in verschiedene Richtungen zu zerstreuen. Das schien Captain mehr zu stören als selbst Otis. Er lief ihnen nach, umkreiste sie, biss und schlug, bis er sie wieder zu einer großen Herde versammelt hatte. Sobald er das geschafft hatte, trieb er die ganze Herde ans andere Ende der Weide, so weit von Otis weg, wie er nur konnte.

So viel also zu meinen Sorgen um den höflichen kleinen Otis.

Die nächsten Tage hatte ich wenig Gelegenheit zu beobachten, ob sich die Herde viel in Otis' Nähe aufhielt. Nach den Bissstellen, die Captains Hals jeden Morgen zierten, zu schließen, hatte er zumindest einige Zeit am Zaun verbracht. Nach drei oder vier Tagen fand der alte Mann, es wäre nun an der Zeit, Otis zu den anderen auf die Weide zu stellen.

Ich ging zu seinem Paddock, und wie immer begrüßte mich Otis am Tor. Die Herde graste am Zaun neben der Einfahrt entlang, ein ganzes Stück von uns entfernt. Ich führte Otis durchs Tor und nahm ihm das Halfter ab. Ich hatte gedacht, er würde sofort zur Herde laufen, aber das tat er nicht. Sehr zu meiner Überraschung blieb er ein paar Sekunden neben mir stehen und senkte dann ganz beiläufig den Kopf, um zu grasen.

Ich blieb noch kurz neben ihm stehen und streichelte seine Schulter, bevor ich zurück zur Scheune ging, wo meine Arbeit auf mich wartete. Ich nahm eine Schubkarre und eine Schaufel, fuhr die Karre zu Otis' Paddock und begann ihn zu säubern. Nach wenigen Minuten hörte ich einen Riesenspektakel. Ich sah auf, und da waren Otis und Captain, umringt von der Herde und offensichtlich bereit zum Kampf. Gleich würde etwas Fürchterliches passieren, dachte ich, ließ die Schaufel fallen und rannte, um den alten Mann zu Hilfe zu holen. Ich fand ihn in der Sattelkammer, wo er ein paar Führstricke fabrizierte.

„Ich glaube, Otis und Captain werden gleich miteinander kämpfen", sagte ich, noch leicht außer Atem vom Rennen.

Der alte Mann sah gelassen auf und nickte kaum merklich.

„Tatsächlich?" Langsam erhob er sich von seinem Stuhl. „Schön, dann wollen wir uns das mal ansehen."

Er schien es absolut nicht eilig zu haben, aber ich rannte so schnell ich konnte zurück zum Zaun. Als ich durch das Tor lief, war der Kampf zwischen den beiden Wallachen voll im Gange. Sie gingen aufeinander los, schlugen mit beiden Hinterbeinen nach einander aus, warfen sich wieder herum und bissen einander voll wilder Wut. Nach kurzer Zeit lief Captain ein Stückchen weg, aber Otis blieb ihm auf den Fersen. Als er ihn eingeholt hatte, wurde der Kampf mit noch größerer Wildheit wieder aufgenommen. Aber innerhalb von dreißig Sekunden war alles vorüber.

Ungefähr da kam der alte Mann angeschlendert, Zigarette zwischen den Lippen. Captain war schon zum anderen Ende der Weide galoppiert, und Otis umkreiste die Herde.

„Sieht aus, als ob die Tage von Captain als Herrscher der Herde zu Ende wären", meinte er, als er sah, wie Captain sich aus dem Staub machte.

„Sollten wir nicht was unternehmen?", fragte ich ein bisschen besorgt.

„Da gibt's nichts zu unternehmen", antwortete er. „Ist schon alles geregelt."

Damit drehte er sich um und ging zurück zu seiner Arbeit. Ich blieb stehen und dachte nach. Von dem, was gerade passiert war, fand ich zwei Dinge höchst erstaunlich. Da war erstens natürlich die Wildheit, mit der Otis sich zu behaupten gewusst hatte. Ich konnte einfach nicht verstehen, wie ein Pferd, das Menschen gegenüber so sanftmütig und freundlich war, so „gemein" zu anderen Pferden sein konnte. Das Zweite, was mich verblüffte, war die Schnelligkeit, mit der er Captain, dem Pferd, das seit ewigen Zeiten der Chef gewesen war, die Herrschaft streitig gemacht hatte. Die ganze Sache erschien mir höchst verwunderlich.

Die nächsten paar Wochen beobachtete ich, was in der Herde vorging, und fand es interessant und verwirrend zugleich. Einerseits war klar, dass Otis der unumstrittene Herdenchef geworden war. Andererseits fand aber immer noch ein Machtkampf statt. Nach ein paar Tagen war es Captain nämlich gelungen, Otis ein paar Pferde wieder abzunehmen. Allerdings hatte Otis, soweit ich mich erinnere, sich auch keine große Mühe gegeben, ihn daran zu hindern. Es war fast, als hätte er Captain *erlaubt*, diese Pferde zu behalten. Als er sich aber das nächste Mal zu dicht an Otis und seine Gruppe heranschlich, attackierte ihn Otis derartig wütend, dass er schleunigst das Weite suchte und vorläufig von weiteren Versuchen Abstand nahm.

Die Herde zerfiel deutlich in zwei Gruppen. Otis führte die größere Gruppe von ca. 25 Pferden an, während Captain die kleinere mit ca. 10 Pferden unter sich hatte. Die beiden Gruppen kamen selten näher als 25 Meter aneinander heran, aber wenn es doch passierte, führten die beiden Chefs eine Art Scheinkampf aus. Das dauerte nie lange und veränderte die Herdenstruktur nicht. Mit anderen Worten: Es blieb alles beim Alten, kein Pferd wechselte die Gruppe.

Mit der Zeit erkannte ich, dass Otis und Captain auf sehr ähnliche Weise ihre Herden unter Kontrolle hielten und die Herden auch sehr ähnlich darauf reagierten. Tatsache war, dass sich weder Otis noch Captain scheuten, wenn nötig Gewalt anzuwenden – und nicht nur dann!

Eines Morgens machte ich mich gerade an die Arbeit. Die Luft war noch kühl von der Nacht. Die beiden Pferdegruppen grasten friedlich auf der Weide. Als die Sonne und die Temperaturen stiegen, wanderten die Pferde zu den beiden Schatten spendenden Bäumen neben dem Zaun. Otis und Captain blieben in der Mitte der Weide, aber alle anderen Pferde waren bald unter den Bäumen versammelt. Nur ab und zu schlug eines lässig mit dem Schweif.

Es dauerte nicht lange, bis erst Otis und dann Captain sich den Bäumen zu nähern begannen. Als sie noch über zehn Meter entfernt waren, wurden die Pferde unruhig. Ein paar wandten das Ohr in Richtung der näher kommenden Herdenbosse und gingen dann seitwärts aus dem Weg. Manche verließen den kühlen Schatten unverzüglich, andere wieder legten die Ohren an und schlugen mit dem Schweif, aber auch sie zogen sich allmählich zurück. Wie auch immer sie den Schatten verließen, sie hatten eines gemeinsam – einen total resignierten Blick.

Die beiden Herdenbosse waren noch nicht ganz von der Mitte der Weide bis zu den Bäumen gewandert, da hatten sich die Schattenplätze bereits geleert. Bald stand Otis allein unter einem Baum und Captain unter dem anderen. Die restliche Herde war wieder zurück in der Mittagshitze. Ab und zu versuchte eines der Pferde, sich in den Baumschatten zurückzustehlen, sie wurden aber jedes Mal mit wütenden Angriffen von einem der Bosse vertrieben, so dass sie schleunigst in die relative Sicherheit der Herde zurückkehrten.

Als später am Nachmittag die Hitze ein wenig nachließ, gaben Otis und Captain endlich ihre Stellung unter den kostbaren Schattenspendern auf. Als sie sich der Tränke näherten, wo sich die meisten Pferde versammelt hatten, nachdem sie aus dem Schatten verbannt worden waren, teilte sich die Herde schnell und ließ die beiden passieren, obwohl sie nicht allzu glücklich darüber zu sein schienen. Jedes Pferd legte die Ohren an und schlug mit dem Schweif, während es aus dem Weg ging. Trotzdem attackierte Otis mindestens zwei dieser Pferde noch von hinten und Captain eines.

Otis und Captain regierten ihre Herden mit eiserner Faust – selbst wenn eine eiserne Faust ganz offensichtlich nicht nötig war. Oft wurden harmlose Herdenmitglieder angegriffen und oft ohne jeden Anlass. Bei einer Gelegenheit beobachtete ich verblüfft, wie Otis einen jungen Wallach namens Rebel malträtierte. Rebel hatte sich am Rande der Weide niedergelegt und Otis graste friedlich vielleicht zehn, fünfzehn Meter entfernt. Ohne ersichtlichen Grund hob er plötzlich den Kopf und ging auf Rebel los. Dieser sprang auf und versuchte, aus dem Weg zu gehen, aber Otis verpasste ihm trotzdem noch einen hässlichen Biss an der Hüfte.

Dieses Verhalten war bei beiden, Otis wie Captain, eher die Regel denn die Ausnahme. Jeder von ihnen attackierte offenbar grundlos jeden Tag mehrmals andere Herdenmitglieder, was manchmal zu Handgreiflichkeiten wie Bissen und Schlägen führte und manchmal auch nicht. Als Grund dafür konnte ich mir nur vorstellen, dass sie so versuchten, ihre Dominanz über die anderen Herdenmitglieder zu verstärken.

Wenn einer der Herdenbosse in die Nähe eines anderen Pferdes kam, fühlte sich dieses sichtlich unwohl. Sobald sich Otis oder Captain näherten, hörte das Pferd auf zu grasen und richtete seine Aufmerksamkeit auf den Boss. Kam ein Angriff, machte es sich aus dem Staub. Kam kein Angriff, graste das Pferd weiter, hielt den Kopf aber vom Boss abgewendet. Vielleicht versuchte es, auf diese Weise so wenig bedrohlich wie möglich zu wirken, vielleicht hatte es so auch schon ein paar Schritte Vorsprung, falls der Angriff doch noch kam. Alle Herdenmitglieder grasten in der Regel vom Boss weg, immer mit einem Ohr in dessen Richtung, als ob sie nie sicher seien, was diesem als Nächstes einfallen würde.

Die „geringeren" Herdenmitglieder wussten ohne jeden Zweifel, wer auf der Weide das Sagen hatte, und keinem wäre es eingefallen, Otis' oder Captains Autorität anzuzweifeln. Mir fiel jedoch etwas auf, das ich höchst interessant fand.

Sehen Sie, die Herdenmitglieder waren alle ganz friedfertig und schienen gut miteinander auszukommen. Es gab bei ihnen nie viel Unruhe. Andererseits änderte sich das Verhalten der ganzen Herde schlagartig, sobald Otis oder Captain auftauchten. Die Atmosphäre wandelte sich von Kameradschaftlichkeit und gegenseitigem Respekt zu starkem, fühlbarem Unbehagen. Ich schrieb dieses Unbehagen der Tatsache zu, dass die Bosse den Rest der Herde nicht nur tyrannisierten, sondern dass sie auch noch unvorhersehbar waren.

Bis dahin hatte ich gedacht, dass die meisten Pferde innerhalb einer Herde die Bosse mit einer Art Ehrfurcht oder immer währendem Respekt betrachteten. Aber als ich die Reaktionen der Herde auf Otis und Captain beobachtete, bekam ich ein ganz anderes Bild davon, wie die Pferde ihre Anführer sahen. Von Ehrfurcht oder Respekt konnte keine Rede sein, eher von Misstrauen oder schlichter Furcht. Die meisten Herdenmitglieder taten buchstäblich alles, um *jeden* Kontakt mit den Bossen zu vermeiden.

Um ehrlich zu sein, dachte ich damals nicht allzu viel über diese „Herdendynamik" nach. Ich nahm das Ganze so ziemlich als gegeben hin. Erst viele Jahre später ging mir die wirkliche Bedeutung dessen auf, was ich damals beobachtet hatte.

Seit einiger Zeit sprachen alle von einer Dame, die Pferde nach einer neuen Technik trainierte, die sie kürzlich bei einem Trainer aus dem Westen erlernt hatte. Es sollte die humanste aller bisherigen Techniken sein, weil sie das Verhalten der Pferde selbst imitierte. Das Hauptprinzip bestand darin, dass der Trainer während der Arbeit die Rolle des Alpha oder Herdenbosses übernehmen sollte. Da angenommen wurde, dass die untergeordneten Herdenmitglieder dem Boss Vertrauen und Respekt erwiesen, würde die Arbeit mit ihnen leicht sein. Alles, was ich über die Dame und die Methode gehört hatte, klang sehr positiv. Zufällig hatte ich einmal Gelegenheit, bei einer Demonstration dieser revolutionären Trainingstechnik anwesend zu sein.

Als die Dame den Platz betrat und anfing zu reden, fand ich sie auf Anhieb sympathisch. Sie machte einen sanften und freundlichen Eindruck. Nach ein paar kurzen einführenden Worten erklärte sie, was sie vorhatte und wie sie vorzugehen gedachte.

Sie erklärte, wie eine Pferdeherde sich aufbaute, beginnend an der Spitze der Hackordnung, beim Alpha- und dem Beta-Pferd bzw. dem Boss und dem Vizeboss (sozusagen). Sie beschrieb, wie diese beiden Pferde prinzipiell die Herde leiteten und sie „lehrten", korrekt auf ihre

Wünsche einzugehen. Dazu übten sie über ein bestimmtes Pferd in der Herde so lange ihre Dominanz aus, bis dieses sich unterwarf.

Als Beispiel erzählte sie von einem Pferd, das etwas getan hatte, was der Boss nicht so gut fand. In solch einem Fall trenne der Alpha, gewöhnlich eine dominante Stute, manchmal aber auch ein Hengst oder Wallach, das betreffende Pferd von der Herde und hielte es so lange auf Abstand, bis das Pferd mittels seiner Körpersprache zu verstehen gab, dass es sich dem Willen des Alpha fügte. Zu dieser Körpersprache gehörte, dass es sich die Lippen leckte, die Herde mit gesenktem Kopf in weitem Abstand umkreiste, der ganze Körper weicher wurde und es sich schließlich

dem Alpha mit gesenktem Kopf und unterwürfiger Haltung näherte. Sie als Trainerin würde nach all diesen Anzeichen Ausschau halten, während sie mit dem Pferd, das im Roundpen stand, arbeitete.

Damit machte sie kehrt und ging in den Roundpen hinein, nur eine lange Peitsche in der Hand. Das Pferd stand ruhig da und drehte sich nach ihr um, als sie durchs Tor ging, schien aber sonst nicht weiter interessiert zu sein.

„Wie ihr seht", sagte die Dame, nachdem sie das Tor hinter sich geschlossen hatte, „ignoriert mich dieses Pferd völlig und zeigt mir nicht den geringsten Respekt."

Damit ging sie zur Mitte des Roundpen. Sie wickelte die aufgerollte Peitsche ab, nahm die rechte Hand mit der Peitsche langsam nach hinten und brachte sie dann mit einer gekonnten Handbewegung blitzschnell nach vorn. Das Peitschenende schnellte nach vorn bis fast an das Hinterteil des Pferdes und es gab einen sehr lauten Knall. Das Pferd machte einen Riesensatz und rannte sofort los. Noch einmal ließ die Dame hinter ihm die Peitsche knallen, was sein Tempo noch weiter beschleunigte. Sein Gesichtsausdruck war voller Furcht, aber das schien die Dame nicht zu stören. Sie ließ weiterhin das Peitschenende kurz hinter ihm knallen.

„Was ich hier mache", erklärte sie, während das Pferd wie wild im Roundpen herumgaloppierte, „ist: Ich zeige dem Pferd, wer hier der Boss ist. Er hat mich nicht beachtet, und jetzt bringe ich ihm bei, mich zu beachten. Im Grunde verhalte ich mich wie der Alpha einer Herde."

Nach kurzer Zeit, zwischen dem Knallen der Peitsche, begann das Pferd Blicke in Richtung Trainerin zu werfen, als ob es fragen wollte: *Was willst du? Was habe ich gemacht?* Aber die Dame sah entweder diese Blicke nicht oder sie waren ihr gleichgültig, jedenfalls knallte sie weiter mit der Peitsche und das Pferd rannte weiter im Kreis.

Nach etwa zwanzig Minuten, als das Pferd schon total erschöpft war, senkte es endlich den Kopf weit genug, um die Dame zufrieden zu stellen. Erst jetzt hörte sie mit der Knallerei auf. Ersichtlich gehorsam und untertänig wandte sich das Pferd ihr zu und sah sie an. Es war schweißbedeckt, sein Atem kam laut und stoßweise und sein Kopf war tatsächlich tief gesenkt.

„So", sagte die Dame und wickelte ihre Peitsche wieder auf. „Jetzt habe ich die Aufmerksamkeit und den Respekt dieses Pferdes, und wetten, dass er mich jetzt als der Alpha unserer kleinen Herde betrachtet, die nur aus ihm und mir besteht? Wie ihr seht, ist er jetzt ganz zufrieden und bereit, alles zu tun, was ich von ihm verlange."

Ich sah hinüber zu dem Pferd und plötzlich verklang die Stimme der Dame und ich sah etwas, das ich eine ganze Weile bei keinem Pferd mehr gesehen hatte. (Vielleicht hatte ich es auch gesehen, aber nicht richtig darauf geachtet.) Was ich sah, war nicht der Ausdruck von Zufriedenheit, wie es die Trainerin behauptet hatte, sondern der Ausdruck der Resignation. Genau diesen Blick hatten die Pferde gehabt, die damals, vor vielen Jahren, unter der Herrschaft von Otis und Captain gelebt hatten. Es war eine Traurigkeit, die in den Augen begann und nach außen sickerte, bis der ganze Körper davon durchdrungen war.

Da wurde mir klar, dass die Dame in der Tat genau das erreicht hatte, was sie hatte erreichen wollen: In den Augen dieses Pferdes war sie zum Alpha geworden.

Eingetragen ist er als Alms Setter Bar, aber jeder kennt ihn unter dem Namen Buck. Wenn mich mein Gedächtnis nicht trügt, kam er ursprünglich aus Minnesota, im Tausch für einen Pferdehänger, und verbrachte die ersten sieben

Jahre seines Lebens mehr oder weniger auf der einen oder anderen Weide. Niemand beschäftigte sich groß mit ihm. Ich erfuhr von ihm bei ein paar Bier mit meinem guten Freund Dwight Thorson in der Wheel Bar in Estes Park, Colorado. Dwight und ich hatten fast den ganzen Tag auf seiner Ranch Rinder getrieben. Als wir endlich fertig waren, hielten wir am örtlichen „Wasserloch" namens Wheel an, um den Staub mit einem kühlen Schluck – oder auch zweien – hinunterzuspülen.

Wie fast immer, wenn Dwight und ich zusammen waren, drehte sich das Gespräch sehr bald um Pferde. Soweit ich mich erinnere, begann es mit seinen Zugpferden und ihren guten Manieren. Sehen Sie, ein paar Tage zuvor war ich auf die Ranch gefahren, als Dwight gerade mit einem Vierergespann Percherons am Pflügen war. Er sah mich, hielt die Pferde mit einem „Hooh!" an, wickelte die Leinen um den Sitz und kam herüber zu meinem Pickup. Wir unterhielten uns kurz, und dann fiel ihm ein, er könnte eine Tasse Kaffee brauchen. Also gingen wir in seinen Werkzeugschuppen in der Nähe. Dwight schenkte sich einen Kaffee ein, und wir setzten uns hin und quatschten fast eine halbe Stunde. Als uns nichts mehr einfiel, gingen wir wieder hinaus. Am Ende des Feldes konnte ich seine vier Schwarzen sehen. Sie standen noch genau am selben Fleck, die Leinen über dem Sitz, und hatten – jedenfalls so weit ich erkennen konnte – nicht einen Muskel gerührt.

Als wir jetzt im Wheel beisammen saßen, wiederholte ich noch einmal, wie sehr es mich beeindruckt hatte, wie gut erzogen sein Gespann war. „So sollen sie auch sein", sagte er lässig. „Ein Zugpferd, das wegläuft, ist zu nichts nütze."

Tja, dem war nichts hinzuzufügen. Jedenfalls fragte mich Dwight im Verlauf des Abends plötzlich, ob ich ihm eines seiner Reitpferde abnehmen würde.

„Er ist ein Halbbruder zu meinem Red", sagte er. Dwight hatte Red aufgezogen und ritt ihn fast jeden Tag. Er war eines dieser Pferde, bei denen man sich wünschte, man hätte hundert von seiner Sorte. Er war ein prima Pferd und Dwight war sehr stolz auf ihn.

„Wir haben nichts mit dem Burschen gemacht, und er sieht zugegeben nicht gerade umwerfend aus. Er steht nur auf der Weide herum und wird fett. Er ist sieben, und ich denke, wenn sich jemand die Mühe macht, mit ihm zu arbeiten, kann er ein ziemlich gutes Pferd werden. Wenn du ihn willst, kannst du ihn haben."

„Ich kann ihn haben?", fragte ich. „Was meinst du mit „du kannst ihn haben"?"

„Ich geb' ihn dir einfach", sagte er achselzuckend. „Ich mache ja doch nichts mit ihm. Willst du ihn?"

„Er ist eingetragen?"

„Jap."

„Abgemacht, Dwight. Er ist ein Halbbruder zu Red? Bist du sicher, dass du ihn abgeben willst?"

„Das Einzige, um was ich dich bitte", sagte er und bedeutete Marlin, dem Großen hinter der Theke, unsere Gläser nachzufüllen, „das Einzige ist, dass mein Dad ihn ab und zu reiten kann, wenn er von Minnesota herüberkommt. Oder dass ich ihn haben kann, wenn ich mal ein Pferd zusätzlich brauche oder so."

„Das ist alles?", fragte ich.

„Das ist alles."

„Gut", sagte ich achselzuckend. „Damit kann ich leben, glaube ich. Wie heißt er denn?"

„Buck", sagte er trocken. „Weiß auch nicht, warum. Ich kann mir nicht vorstellen, dass er auch nur einen „Buck", einen Buckler, in sich hat."

Und damit war der Handel abgeschlossen.

Dwight hatte Recht gehabt mit seiner Beschreibung

von Buck. Auf den ersten Blick sah er nach nicht viel aus. Er war einfach ein Fuchs, hinten links weiß gestiefelt und mit einem kleinen Stern auf der Stirn. Aber auch wenn er ziemlich unauffällig aussah, fand ich doch bald heraus, dass Buck in Wirklichkeit alles andere als ein gewöhnliches Pferd war.

Kurz nachdem ich ihn von Dwight geholt hatte, nahm ich ihn in Arbeit. Das Training verlief glatt, und schon bald konnte ich mit ihm die Trails abreiten. Die nächsten paar Jahre verbrachte ich einen Teil jeden Tages entweder in seinem Sattel oder bei der Arbeit mit ihm, auf welche Art auch immer. Nicht, weil ich versuchte, ihn zu „trainieren", sondern weil ich einfach gern mit ihm umging. Infolgedessen gingen er und ich überall hin und machten so ziemlich alles, was ein Pferd und ein Reiter zusammen machen können.

Wir holten mitten in der Nacht eine etwa zwanzigköpfige Pferdeherde aus dem Wald, nachdem einer meiner Leute aus Versehen ein Tor offen gelassen hatte. Wir warfen und fesselten einen 1000-Pfund-Stier, der über einen Zaun gesprungen war, und machten auf diversen Paraden den Vorreiter für ein Vierergespann belgischer Kaltblüter vor einem Frachtwagen. Wir waren als Freiwillige beim örtlichen Rettungsdienst und holten verschiedentlich Verletzte aus den Bergen – einen brachten wir mitten in der Nacht aus einer Höhe von über 3.500 Metern zurück. Als das Pferd der örtlichen Rodeo-Königin wegen Krankheit ausfiel, lieh sie sich Buck und er trug auf sechs Rodeos im gestreckten Galopp Fahnen in der Größe von Panoramafenstern an 5.000 jubelnden Zuschauern vorbei. Er hatte so etwas nie zuvor gemacht, aber er machte nicht einen Fehler.

Einmal ritten wir durch die Berge, als ich hinter mir einen Riesenspektakel hörte. Ich drehte mich um und sah, dass meine Hündin Sadie von einem Kojoten angegriffen wurde. Ohne einen weiteren Gedanken zog ich meine 22er aus der Hülle, drehte mich wieder um und feuerte eine Salve über den Kopf des Kojoten. Das genügte, um ihn Hals über Kopf in die Hügel zurückzujagen. Das Interessante daran war, dass ich mit Buck nie geübt hatte still stehen zu bleiben, während jemand von seinem Rücken aus ein Gewehr abfeuert. Er tat das einfach für mich, kommentarlos. Und weil er so ruhig gestanden hatte, hatte ich Sadie vor dem Kojoten retten können.

Im Laufe der Jahre hat Buck mehr Leuten das Reiten beigebracht, als wir beide noch wissen. Von sechsjährigen Kindern über Fußballprofis bis zu Filmschauspielern hat er schon so ziemlich alles auf dem Rücken getragen. Der absolute Höhepunkt waren jedoch die Reitstunden, die eine Frau von Mitte dreißig auf ihm nahm. Sie war seit ihrem 18. Lebensjahr querschnittgelähmt. Als ihre Woche mit Reitstunden zu Ende war und wir ihr zurückgeholfen hatten in ihren Rollstuhl, kam Buck, der unangebunden in der Nähe gestanden hatte, langsam herübergewandert und legte ihr still den Kopf in den Schoß. Der Ehemann machte einen Schnappschuss von den beiden, den ich bis heute auf einem Ehrenplatz in meinem Haus habe.

Ich habe mir nie viel aus Shows und Wettbewerben gemacht, aber vor einigen Jahren rief mich Dwight an und sagte, er wolle mit einem seiner Dreijährigen an einem kleinen Turnier teilnehmen, „damit er sich an den Trubel gewöhnt", und ob ich Lust hätte mitzukommen. Ich hatte nichts Besseres vor und sagte zu. Wie schon gesagt waren Buck und ich nie irgendwo aufgetreten, aber da es bei diesem Turnierchen mehr um den Spaß als um die Leistung ging, nahmen wir an einigen Prüfungen teil. Na ja, genau genommen an allen – zwölf insgesamt. Sie reichten von Trail-Prüfungen über Fassrennen und kleinen Springparcours bis zum Aufsatteln und -zäumen des Pferdes mit verbundenen Augen. Buck und ich waren in neun der zwölf Prüfungen unter den ersten Dreien platziert und beendeten das Turnier mit der zweithöchsten Punktwertung, was uns eine Gürtelschnalle einbrachte. Leider passte sie Buck nicht, also gab er sie mir – und ich trage sie bis heute. Es war für jeden von uns das erste und einzige Turnier, an dem wir jemals teilgenommen haben.

Nun, von all den Dingen, die wir zusammen gemacht haben und die ich von ihm gelernt habe, solange wir zusammen waren (und die an sich schon unschätzbar wertvoll sind), ist nichts mit den Lektionen zu vergleichen, die er mir dazu erteilte, wie sich eine wahre Führernatur seinen oder ihren Artgenossen gegenüber verhält. Schon sehr früh bemerkte ich einen Unterschied, wie andere Pferde auf Buck reagierten und wie er auf sie reagierte, wenn er in einer Herde war.

Der Unterschied machte sich schon bemerkbar, kurz nachdem ich Buck auf die Ranch geholt hatte, auf der ich damals beschäftigt war. Ein paar Tage hatte ich ihn in einem Corral neben der großen Sandkoppel gehalten, auf der die anderen Ranchpferde standen. Ich sah, dass er keine wirklichen Probleme mit den Pferden hatte und beschloss, ihn zu ihnen auf die große Koppel zu stellen. Es waren ungefähr fünfunddreißig Pferde, und kaum hatte ich das Tor hinter ihm geschlossen, als auch schon jedes Einzelne davon zu dem „Neuen" herüberkam. Er wurde beschnuppert, Hinterbeine wurden drohend gehoben, aber Buck machte sich einfach auf den Weg zur Futterraufe. Mit dem Kopf im Heu vergraben, ignorierte er sie schlicht, und die meisten Pferde verloren bald das Interesse an dem Neuankömmling und kümmerten sich wieder um ihre eigenen Angelegenheiten. Nur Pete, der Herdenboss, war nicht so leicht abzuwimmeln. Er schlug mit dem Vorderfuß nach ihm und keilte in seine Richtung aus.

Nach fünf Minuten, als einer seiner Schläge harmlos auf den gepolsterten Teil von Bucks Brust aufgetroffen war, schlenderte Buck lässig davon. Pete verfolgte ihn, schnappte nach seinem Hinterteil und seinen Hinterbeinen und brachte Buck in einen langsamen Trab. Pete folgte ihm dicht auf den Fersen. Das Interessante daran war, dass ich Pete schon öfter bei diesem Spiel beobachtet hatte. Normalerweise liefen die Pferde, die er verfolgte, so schnell sie konnten und mit allen Anzeichen der Furcht vor ihm davon. Buck dagegen sah überhaupt nicht ängstlich aus. Er schien sich von Pete eher belästigt als bedroht zu fühlen.

So viel Druck Pete auch auszuüben versuchte, Buck blieb in seinem langsamen Trott, und plötzlich verlor Pete das Interesse. Er brach die Verfolgung mit sichtlichem Missvergnügen ab und wanderte langsam zu seinem Lieblingsfutterplatz hinüber. Als er an ein paar anderen Pferden vorbeikam, legte er die Ohren flach an den Kopf und die Pferde gingen ihm sofort aus dem Weg. Das war die Art von Reaktion, die er von den Pferden in seiner Herde gewohnt war, und es war nur allzu klar, dass er nicht sehr angetan war von der Art, wie Buck reagiert hatte.

Buck blieb ein paar Minuten für sich und schien die Herde zu betrachten, die mit Fressen beschäftigt war. Auf der Koppel standen sechs große Futterraufen, alle mit Heu gefüllt, und an allen standen mehrere Pferde – an allen außer der, an der Pete stand. Dort waren nur drei Pferde: Pete, B.B. und Cowboy. Mir war beim Zusehen bereits klar, dass Buck nach Abwägen seiner Möglichkeiten an den anderen Raufen zu viele Pferde waren. Die logische Schlussfolgerung war, die Raufe zu nehmen, an der am wenigsten Pferde versammelt waren. Dort würde er am ehesten etwas zu fressen bekommen. Was dann passierte, beeindruckte mich derartig, dass es seither ein Teil der Methode geworden ist, die ich heute Pferde gegenüber anwende.

Nachdem sein Entschluss, aus Petes Raufe zu fressen, feststand, schlenderte er langsam hinüber. Er war bis auf

etwa 25 Meter herangekommen, als Pete plötzlich herum-
wirbelte und ihn mit angelegten Ohren und entblößtem
Gebiss angriff. Buck drehte ab und trabte ein paar Tritte,
genug, um Pete anhalten zu lassen. Er ließ ein lautes
Schnarchen in Bucks Richtung ertönen, schüttelte die
Mähne und kehrte zu seinem Futter zurück. Buck wartete
ein paar Minuten und wanderte dann langsam wieder zu der
Raufe zurück. Wieder griff Pete mit angelegten Ohren an,
und wieder trottete Buck ein paar Schritte davon. Das ging
eine halbe Stunde so weiter.

Faszinierend fand ich, dass Buck auf eine ganz ruhige
Art Pete das Fressen verdarb. Außerdem fiel auf, dass er sich
dabei sehr wenig anstrengte. Das Vor und Zurück spielte
sich auf einer Fläche von höchstens fünf Meter Durchmes-
ser ab. Pete dagegen rannte jedesmal mindestens 35 Meter
einfach, wenn er Buck zu vertreiben versuchte. Er war schon
so viel gelaufen, um Buck von seiner Raufe fern zu halten,
dass er inzwischen schweißbedeckt war.

Nach dieser ersten halben Stunde ging eine Veränderung vor. Pete unterbrach sein Fressen nicht mehr, um hinter Buck herzulaufen. Wenn Buck näher kam, riss er stattdessen den Kopf aus dem Futter und schüttelte ihn auf und
ab, als ob er nicken würde. Das ließ Buck zur Salzsäule
erstarren, bis Pete sich wieder seinem Futter zuwandte.
Dann kam Buck wieder näher, Pete riss den Kopf hoch, legte
die Ohren an und „nickte". Buck blieb stehen. Pete hörte auf,
mit dem Kopf zu schlagen, und das Spiel begann von vorn.
Auf diese ruhige, aber höchst beständige Art hatte es Buck
nach einer halben Stunde nicht nur geschafft, sich an die
Raufe heranzuarbeiten, er fraß auch daraus, mit Pete an seiner Seite.

Mir fielen dabei, wie Buck mit dieser Situation umge-
gangen war, ein paar Dinge auf. Erstens war es ihm gelungen, sein Ziel zu erreichen, ohne auch nur einmal Gewalt

anzuwenden – nicht einmal, wenn Gewalt gegen ihn angewandt wurde. Zweitens war er während des gesamten Vor-
gangs völlig ruhig und konsequent vorgegangen und hatte
nur so viel Energie verbraucht, wie absolut nötig war. Während Pete 35 Meter rannte, trottete Buck drei. Pete musste 35
Meter zurücklaufen, um wieder an sein Fressen zu kommen, während Buck nur ein paar Schritte brauchte, um wieder dort anzukommen, wo Petes Angriff ihn gestoppt hatte.
Pete hatte schließlich so viel Zeit und Energie vergeudet,
dass es für ihn einfacher war, Buck mitfressen zu lassen, als
dauernd zu versuchen, ihn wegzujagen. Im Endeffekt hatte
Buck durch Nichtstun gewonnen.

Jahre später sah ich Buck etwas sehr Ähnliches tun, als
er mit einer großen Quarter Horse-Stute, die die meiste Zeit
ihres Lebens allein gewesen war, die Koppel teilen sollte.
Und die Stute war nicht etwa allein gewesen, weil ihre Besitzerin keine anderen Beistellpferde gehabt hätte. Sie war
allein, weil sie anderen Pferden gegenüber so bösartig war.
Das Problem war, dass ich das nicht wusste.

Ich wollte Buck in einem anderen Stall in eine Pad-
dockbox stellen, damit ein kleiner Schnitt am Karpalgelenk
auskurieren konnte. Es war nichts Ernstes, aber ich dachte,
es könnte sich entzünden, wenn es nicht richtig versorgt
würde. Als ich hinkam, war jedenfalls die Box noch nicht
bereit, und ich wollte ihn nicht im Hänger stehen lassen, bis
ich alles sauber hatte. Die Stute war allein auf einem großen
Platz. Ich hatte früher schon mit ihr gearbeitet und nie
Schwierigkeiten mit ihr gehabt. Ich konnte mir nicht vorstellen, dass Buck mit ihr Probleme bekommen könnte,
wenn ich ihn ein paar Minuten zu ihr stellte, bis ich die Box
fertig hatte. Also tat ich es. Und was dann passierte, war mit
das Verblüffendste, was ich je gesehen habe.

Nachdem ich Buck auf dem Platz losgelassen hatte,
kam die Stute höchst aggressiv auf ihn zugeschossen. Buck

nahm überhaupt keine Notiz von ihr. Sie beschnupperte ihn, warf sich herum und schlug nach ihm aus, aber Buck ging einfach zur Seite. Die Stute nahm Maß und schlug erneut aus, und wieder ging Buck aus dem Weg. Die Schläge gingen ausnahmslos ins Leere. Ganz offensichtlich war die Stute äußerst erregt. Sie drehte sich um und versuchte zu beißen. Bucks Reaktion war der langsame Trott, mit dem er damals Pete aus dem Weg gegangen war. Eine Dreiviertelstunde lange trottete Buck gemächlich um den Platz. Er ging Schlangenlinien, Achter und Zirkel, die Stute immer dicht auf den Fersen. Da er ständig die Richtung wechselte, konnte sie sich noch so sehr anstrengen – sie bekam ihn so gut wie nie zu fassen.

Ich glaube, allmählich dämmerte der Stute, dass sie umso mehr arbeiten musste, je länger sie versuchte, Buck zu attackieren. Schließlich wurde sie langsamer, ließ den Kopf sinken und entspannte sich. An diesem Punkt wanderte Buck hinüber zu einem kleinen Haufen Heu in der Nähe des Tors und begann zu fressen. Die Stute folgte ihm dichtauf, griff ihn aber nicht an. Bald fraßen sie ruhig zusammen vom selben Heu.

Ich ließ Buck auf dem Platz, auch nachdem ich seine Box fertig hatte, weil ich sah, dass ihm die Stute überallhin folgte. Ging er zur Tränke, folgte sie ihm auf dem Fuße. Stellte er sich in den Schatten, stand sie ebenfalls im Schatten. Dann tauchte die Besitzerin der Stute auf und sah, dass sie ihm folgte wie ein Hündchen. Sie konnte gar nicht glauben, wie lieb sich die Stute verhielt und erzählte mir, wie sie normalerweise jedes andere Pferd verspeiste und anschließend wieder ausspuckte. Sie konnte es nicht fassen. Als ich Buck schließlich herausholte, stand die Stute fast zwanzig Minuten am Tor und wieherte nach ihm. Buck dagegen stand friedlich in seiner Box und mampfte sein Heu, völlig unberührt von der ganzen Episode.

Im Lauf der Zeit habe ich in den Herden, von denen Buck ein Teil war, viele Pferde erlebt, die Buck auf eine Art betrachteten, wie ich sie, glaube ich, sonst noch nie gesehen habe. Pferde folgten ihm ohne erkennbaren Anlass oder schienen seine Gesellschaft regelrecht zu suchen. Nie hat er ein Pferd, das in seiner Nähe sein wollte, vertrieben oder sich ihm gegenüber aggressiv verhalten, nicht einmal ganz jungen Pferden gegenüber.

Tatsache ist, dass eine unserer Stuten einmal unerwartet in einer zwanzigköpfigen Herde abfohlte. Irgendwie wurden Mutter und Fohlen nach ein paar Stunden getrennt und die anderen Herdenmitglieder ließen die Mutterstute nicht mehr zu ihrem Fohlen. Als wir ankamen, stand das Fohlen neben Buck und die Stute stand in der Nähe. Sobald eines der anderen Pferde versuchte, an das Baby heranzukommen, verfiel Buck einfach in seinen langsamen kleinen Trab. Das Fohlen folgte, und das Pferd oder die Pferde, die an es heranwollten, gaben auf. Dank Bucks Hilfe konnten wir Mutter und Kind wieder zusammenführen und sicher in den Stall zurückbringen, wo sie sich von dem Schrecken erholen konnten und bald wieder gesund und munter waren.

Bei unzähligen Gelegenheiten hat Buck „verlorenen" Pferden geholfen, aber eine Situation ist mir als besonders bemerkenswert in Erinnerung geblieben. Es geschah vor ein paar Jahren, als Buck mit fast siebzig Pferden auf einer Weide stand. Wie immer folgte ihm ein Grüppchen auf Schritt und Tritt. Eine neue Stute wurde gebracht und auf der Weide freigelassen. Fast alle Pferde, auch die, die Buck gefolgt waren, liefen hin, um den Neuankömmling zu untersuchen. Sie umkreisten sie, schnupperten, quietschten, schlugen und rannten schließlich alle wieder davon. Die Stute stand noch am selben Fleck, wo sie zu Anfang gestanden hatte.

Sie machte einen verwirrten und verlorenen Eindruck und rührte sich nicht vom Fleck. Auch Buck, eines der wenigen Pferde, das sich dem „Begrüßungskomitee" nicht angeschlossen hatte, hatte sich nicht gerührt und graste friedlich, fast 200 Meter entfernt. Dann, als ob ihm gerade etwas eingefallen wäre, ging er doch langsam zu der neuen Stute hinüber. Etwa 50 Meter vor ihr hielt er an und blieb einfach stehen. Er stand fast zehn Minuten so da, bis die Stute langsam und vorsichtig näher kam. Als sie Buck endlich erreicht hatte, beschnupperten sie sich ein paar Sekunden, dann drehte sich Buck um und ging zurück zu der Stelle, an der er gegrast hatte. Die Stute folgte ganz ruhig dichtauf. Von da an war sie fast kommentarlos in den Verband aufgenommen, der Buck folgte.

Seitdem habe ich einige Pferde beobachten können, die sich ähnlich verhielten wie Buck und auf andere Pferde eine ähnliche Wirkung ausübten. Ihr ruhiges Selbstvertrauen und der Mangel an Gewaltanwendung oder Aggression scheinen etwas zu sein, was andere Pferde suchen und wofür sie sich aktiv entscheiden, wenn sie Gelegenheit dazu haben.

Mir scheint, wenn wir Pferdeverhalten im Training nachahmen wollen, müssen wir uns entscheiden, was für eine Art Pferd wir sein wollen. Wollen wir sein wie Otis und Captain, die Pferdebosse, denen die anderen aus Furcht und Misstrauen gehorchten? Oder wollen wir sein wie Buck, das Pferd, das auch für die schwierigsten Probleme eine Lösung findet – der Führer, dem die anderen nahe sein und zu dem sie aufschauen wollen?

Wir haben die Wahl. Aber ich möchte gern wissen – was hätten die Pferde lieber?

PROBLEME UND MISS-
VERSTÄNDNISSE ZWISCHEN
MENSCH UND PFERD

Gegen Ende meiner Oberschulzeit wurden ein paar von uns, die Interesse daran gezeigt hatten, eventuell das örtliche College zu besuchen, zu einer Stippvisite auf dem Campus eingeladen. Wir sollten herumgeführt werden und uns einen Eindruck davon verschaffen, ob wir Lust hatten, diese Einrichtung des gehobenen Wissens zu besuchen.

Dieser Trip war lange geplant gewesen, und als der Tag endlich da war, sprangen wir alle in den wartenden Bus und holperten die 30 Kilometer zu den Toren des Campus. Nach dem genau eingeteilten sechsstündigen Rundgang waren mir zwei Dinge klar. Das Erste war, dass ein College-Campus nicht das Geringste mit dem Campus einer Kleinstadt-Oberschule mit nur 1.200 Schülern zu tun hatte. Und das Zweite war, dass hier eine Menge junger Leute mit langen Haaren, Hippie-Perlen und Sandalen herumliefen (schließlich waren es die 70-er Jahre).

Seitdem sind über 25 Jahre vergangen, aber an ein Erlebnis, das ich in der Abteilung für Kunst hatte, erinnere ich mich noch, als wäre es gestern gewesen.

Man hatte uns relativ schnell durch alle Bereiche geführt, ohne dass wir genug Zeit gehabt hätten, uns etwas richtig anzusehen oder ein Gefühl dafür zu bekommen, um was es in den einzelnen Abteilungen ging. Vermutlich wollten sie uns nur zeigen, dass all diese Bereiche wirklich existierten. Jedenfalls, als wir durch die Kunstabteilung geschleust wurden und ich schon fast aus der Tür war, fiel mir etwas auf. Ich musste einfach stehen bleiben und genauer hinsehen.

Am Fenster standen zehn oder zwölf Staffeleien. Auf jeder Staffelei stand ein Gemälde, das einen Baum zeigte. Ich konnte den Baum sehen, der als Modell gedient hatte. Es war eine goße Eiche, vielleicht 50 Meter vom Fenster entfernt. Das Seltsame daran war, dass jedes Bild zwar den anderen ähnlich, gleichzeitig aber so verschieden war, als ob jeder der Künstler einen anderen Baum gesehen hätte.

Ich habe vermutlich ein paar Sekunden dagestanden, als ein junger Mann mit einem zotteligen Bart, langen Haaren und Batikhemd auftauchte.

„Wir alle sehen denselben Baum mit verschiedenen Augen", sagte er einigermaßen mystisch. „Alles ist Wahrnehmung, Mann. Hängt davon ab, wie der Einzelne den Baum zu sehen glaubt. Keiner hat Recht und keiner hat Unrecht. Das Bild ist das, was wir aus unserer Wahrnehmung machen. Cool, was?"

Er nickte ein paarmal und entschwand.

Ich bin nie auf dieses College gegangen. Aber der Anblick dieser Bilder und dessen, was sie verkörperten, ist mir immer in Erinnerung geblieben. Ich habe sie nie vergessen, weil die Lektion, die man von ihnen lernen kann, so verdammt wichtig ist: Es ist immer ein großer Unterschied zwischen dem, was ist, und dem, was wahrgenommen wird.

Auch in Bezug auf die Arbeit mit Pferden habe ich festgestellt, wie wichtig es ist, sich der Wahrnehmung bewusst zu sein. Im Lauf der Jahre habe ich immer wieder erlebt, dass die Wahrnehmung eines Pferdes von uns und von dem, was wir von ihm verlangen, so weit entfernt sein kann von dem, was wir wirklich wollen oder brauchen, dass von Zeit zu Zeit Probleme unvermeidlich sind. Wenn schon zehn oder zwölf Leute, die denselben Baum malen, derartig verschiedene Bilder produzieren, wie können wir dann von unseren Pferden erwarten, dass sie eine genaue Vorstellung von allem haben, was wir von ihnen verlangen?

Vor einigen Jahren, als wir in den Ausbilder-Klassen mit Mustangs arbeiteten, hatten wir einen zweijährigen Rotschimmel-Wallach, frisch aus Nevada. Einer der Schüler hatte ihm den Namen Elko gegeben. Das Pferd hatte offenbar von vornherein beschlossen, dass es alles tun würde, was nötig war, um mit allen und jedem auszukommen, der sich mit ihm beschäftigte. Er war unkompliziert und begriff schnell, was wir ihm zu zeigen versuchten. Die Bodenarbeit (also Einfangen, Aufhalftern, Führen, Longieren, Arbeit am langen Zügel) dauerte nur ein paar Wochen. Er akzeptierte den Sattel ohne allzu viel Aufregung und schien nach nur drei Wochen bereit für den Reiter zu sein.

Zu diesem Zeitpunkt war er bereits ein Meister darin, auf Druck zu weichen. Er konnte am langen Zügel durchlässiger wenden, stoppen und rückwärts gehen als jedes andere Pferd. Wenn man zu ihm in einen eingezäunten Platz hineinging, drehte er sich immer um und sah einen an. Er hob den Fuß, wenn man sich nur ein bisschen dagegen lehnte, und wenn man ihn nur leicht an der Schulter oder an der Kruppe berührte, ging er unverzüglich zur Seite. Ich hätte gesagt, dass seine und meine Wahrnehmung dessen, was auf Druck weichen bedeutete, genau die gleiche war: Wenn Druck ausgeübt wird, musst du ihm weichen, statt dagegenzudrücken.

Erst als ich zum ersten Mal in den Sattel stieg, merkte ich, dass unsere Wahrnehmung davon, wie, wann und warum ein Pferd auf Druck weichen sollte, keineswegs übereinstimmte. Bevor ich weitererzähle, muss ich erwähnen, dass ich mir vor dem ersten Aufsitzen viel Zeit dafür nehme, das Pferd an den Gedanken zu gewöhnen, jemand auf dem Rücken zu tragen. Manchmal verbringe ich Minuten, Stunden oder sogar Tage damit, Gewicht auf die Steigbügel zu bringen, mich über den Pferderücken zu legen, die Fender am Sattel zu bewegen usw.

Normalerweise mache ich das so lange, bis ich einigermaßen sicher sein kann, dass das Pferd einen Reiter im Sattel ohne Zwischenfall akzeptieren wird. Oft dauert das nur 15 oder 20 Minuten. Manche Pferde brauchen erheblich länger, aber der kleine Wallach nicht. Es war von Anfang an klar, dass ihn meine Routinehandlungen vor dem ersten Aufsitzen nicht im Mindesten beunruhigten. Also entschloss ich mich nach wenigen Minuten zum Aufsitzen. Ich setzte meinen Fuß in den Bügel, hüpfte ein paarmal, schwang vorsichtig mein Bein über den Sattel und ließ mich sanft hineingleiten.

Der kleine Mustang stand nur ein paar Sekunden, bevor er auf das Gewicht auf seinem Rücken auf die einzige Art reagierte, die für ihn einen Sinn ergab. Langsam verlagerte er sein Gewicht von einem Fuß auf den anderen und holte tief Luft. Und dann legte er sich zu meiner großen Überraschung einfach hin.

Aus seiner Perspektive gesehen hatte man ihm beigebracht, auf Druck zu weichen. In dieser Situation kam der ganze Druck – und zwar ein ganz beträchtlicher Druck – von seinem Rücken. Für ihn schienen die Optionen begrenzt. Seine Wahrnehmung dessen, was von ihm erwartet wurde, war einfach. Wenn er auf Druck weichen sollte und auf seinem Rücken eine Menge Druck lastete, dann wollte ich doch sicher, dass er sich hinlegte. Wissen Sie was? Er hatte absolut Recht mit seiner Sicht der Dinge, obwohl seine Reaktion damals für mich völlig unerwartet kam.

Die Episode machte mir klar, dass das, was ich unter Pferdeausbildung verstand, und das, was mein Pferd davon wahrnahm, völlig verschieden sein konnte. Mir schien, ich müsste ein paar der „unerwünschten" Reaktionen, die meine Pferde während des Trainings zeigten, in einem ganz neuen

Licht sehen. Kurz gesagt ging mir auf, dass es nicht automatisch bedeutete, dass meine Pferde nicht wollten, wenn sie Probleme mit etwas hatten, was ich ihnen zu zeigen versuchte. Tatsächlich versuchen Pferde fast immer, das Richtige zu tun. Es kann nur vorkommen, dass sie eine Situation anders einschätzen als ich und deshalb glauben, dass ich etwas ganz anderes von ihnen will, als es wirklich der Fall ist.

Es brachte mich auch zum Nachdenken darüber, wie ich möglicherweise in anderen Fällen ein Verhalten früher falsch eingeschätzt hatte, nämlich als Mangel an Respekt oder als Aggression.

Ein Musterbeispiel für diese Art von Missverständnis war ein großer Schimmelwallach namens Traveler. Traveler war von seiner Besitzerin, einer jungen Frau, Jan, aufgezogen worden. Als ich zugezogen wurde, war er gerade vier und im vergangenen Jahr bei drei verschiedenen Ausbildern gewesen, die ihn nur hatten einreiten sollen. An dieser Stelle ist es wichtig zu erwähnen, dass Jan eine ganz ruhige, bedachte und nette Person war, die Erfahrung mit Pferden besaß und mit diesem Pferd ein paar wirklich wunderbare Dinge erreicht hatte, bevor sie es zu dem ersten Trainer brachte. Sie hatte so gut vorgearbeitet, dass Traveler gut im Umgang war, schmiede- und verladefromm und sogar schon ein- oder zweimal ohne Zwischenfall einen Sattel auf dem Rücken gehabt hatte.

Jan erklärte mir, dass sie nur zu gern mit Travelers Ausbildung weitergemacht hätte, dass sie aber zu dieser Zeit ein Baby bekommen habe. Deshalb hatte sie das Gefühl gehabt, nicht genug Zeit zu haben, um die Arbeit wirklich gut zu machen. Und das war der Grund, weshalb sie ihn vor über einem Jahr zu dem ersten Ausbilder gebracht hatte. Jan war überzeugt gewesen, dass das Training glatt verlaufen würde, besonders da Traveler immer so anständig und lernwillig gewesen war.

Sehr zu ihrer Überraschung rief der Trainer nach ein paar Wochen an und bat sie, das Pferd abzuholen. Er erzählte ihr einen langen Sermon, was für ein gefährliches und respektloses Pferd Traveler sei und dass er über kurz oder lang wahrscheinlich noch jemand umbringen würde. Er sagte, Traveler habe mehrmals nach ihm geschlagen, sei gestiegen und habe sogar Anstalten gemacht zu beißen. So ein niederträchtiges Biest wolle er nicht länger im Stall haben. Sie solle ihn sofort abholen.

Einigermaßen verwirrt von dem Bild, das der Trainer von ihrem Pferd gemalt hatte, fuhr Jan mit dem Hänger zu ihm hin. Es war ein Schock, als sie feststellen musste, dass seine Beschreibung von Travelers Benehmen tatsächlich stimmte. Als sie in seine Box ging und ihn aufhalftern wollte, drehte er sich rasch um und drohte zu schlagen. Als sie ihm endlich das Halfter übergestreift hatte und ihn führen wollte, zackelte er neben ihr her, schnarchte und ging ab und zu hoch. Er weigerte sich einige Minuten, bevor er sich endlich verladen ließ, und auf dem Heimweg scharrte er ununterbrochen. Zuhause stellte Jan fest, dass sie sich Traveler nicht mehr nähern konnte, ohne dass er die Ohren anlegte und drohend die Zähne zeigte.

Bevor sie ihn zu dem Trainer brachte, war Jan regelmäßig abends mit Traveler ihre Straße auf und ab spaziert, teils um der Bewegung willen, teils damit er sich an ungewohnte Dinge und Geräusche gewöhnte. Als er zurückkam, war es so gut wie unmöglich, ihn überhaupt irgendwohin zu führen, nicht einmal von einem Paddock zum anderen.

Ihre Besorgnis stieg und wandelte sich schnell in Furcht. Also rief sie eine andere Trainerin an, die für ihre ruhige Arbeit mit Pferden bekannt war. Diese versprach vorbeizukommen und sich das Pferd anzusehen.

Die Trainerin warf einen Blick auf Traveler und schloss sich sofort der Meinung des ersten Trainers an, dass

Traveler extrem respektlos und gefährlich sei. Also steckte sie ihn in den Roundpen und begann, ihm Manieren beizubringen. Die Methoden, die sie dabei anwandte, waren, wie Jan sich ausdrückte, nicht ganz die ruhige Technik, für die sie eigentlich bekannt war. Offenbar ging es nicht ohne viel Peitschengeknalle, ständiges Abklatschen mit dem Führstrick und heftiges Gezerre am Halfter ab. Einmal wollte die Trainerin Traveler sogar werfen, um ihm zu zeigen, wer der Boss ist, aber das ließ Jan nicht zu.

Nach zwei Stunden Arbeit war Traveler ziemlich unterwürfig. Die Trainerin zeigte Jan, wie sie selbst ihre Technik anwenden konnte – eine Technik, die viel aggressiver war, als es Jan angenehm war. Aber wenn das der einzige Weg war, von Traveler die richtigen Reaktionen zu erhalten, hatte sie wohl keine andere Wahl. Außerdem versicherte ihr die Trainerin, wenn Traveler erst begriffen hätte, dass Jan der Boss sei, würde er sein dominantes Verhalten ihr oder sonst wem gegenüber aufgeben.

Nun, um es kurz zu machen, es funktionierte nicht. Traveler wurde immer schlimmer statt besser. Schließlich hatte Jan so viel Angst vor dem Pferd, dass sie nicht mehr zu ihm in die Box ging, nicht einmal zum Ausmisten. Der Gedanke, dass sie das Pferd, das sie einmal mit einem Heustrick um den Hals hatte spazieren führen können, nun nicht einmal mehr streicheln konnte, machte sie kreuzunglücklich.

Jan rief noch einen weiteren Trainer zu Hilfe, der ebenfalls nichts ausrichten konnte und ihr empfahl, das Pferd schlachten zu lassen, bevor es noch jemand ernsthaft verletzte. Tief bekümmert und am Ende mit ihrem Latein brachte Jan Traveler mit zu einem Horsemanship-Kurs, den ich in der Nähe gab. Bevor sie ihn in den Roundpen brachte, erzählte sie mir des Langen und Breiten von seinem Hintergrund und den Trainingserfahrungen und sagte schließlich, mit Tränen in den Augen, dass ich wahrscheinlich Travelers letzte Chance sei. Wenn ich ihm nicht helfen konnte, würde sie ihn töten lassen, bevor er sie oder sonst jemand umbrachte.

Während Jan all die Missetaten aufzählte, die Traveler im letzten Jahr begangen hatte, und erklärte, wie gefährlich und respektlos er geworden war, ging mir eines nicht aus dem Kopf: Das Pferd hatte sich zwar immer aufgeführt, als ob es bösartig und gefährlich wäre, aber es hatte nie jemand wirklich verletzt. Auch wenn er die Möglichkeit gehabt hätte, jemand zu verletzen, ja selbst als die Trainer reichlich aggressiv mit ihm umgingen, hatte er nicht ein Mal ausgeschlagen, gebissen oder jemand umgerannt. Gedroht hatte er öfter, aber getan hatte er nichts. Ich hatte meine Zweifel, ob sein Verhalten wirklich auf Respektlosigkeit beruhte. Vielleicht war es ganz etwas anderes.

Traveler wurde von einem großen, kräftigen Mann, den Jan extra dazu beauftragt hatte, in den Roundpen geführt. Ich ging hinter ihnen hinein und sagte dem Mann, er solle das Pferd loslassen und wieder hinausgehen.

„Ich soll ihn loslassen?", fragte er voller Überraschung.

„Ja, bitte", antwortete ich und schloss hinter mir das Tor.

„Okay", meinte er mit unsicherer Stimme.

Er langte hoch, schnallte das Halfter auf und ließ es über Travelers Nase gleiten. Traveler wirbelte herum, weg von dem Mann, lief etwa fünf Meter davon und schlug mit beiden Hinterbeinen aus. Dann raste er wie ein Verrückter außen herum. Der Mann schlüpfte schnell durchs Tor und verriegelte es hinter sich.

Ich ging in die Mitte des Roundpen, blieb dort ruhig stehen und beobachtete den Wallach, der Runde um Runde drehte, so schnell ihn seine Füße trugen. Ab und zu schnarchte er laut und schlug halbherzig in meine Richtung aus. Auf die Entfernung bestand nicht die geringste Wahrscheinlichkeit, dass er mich treffen würde, also ignorierte ich seine Vorstellung so ziemlich.

„Sehen Sie?", hörte ich Jans Stimme von außerhalb des Roundpens. „Sehen Sie, wie gefährlich er ist?"

Nun, mir schien, hier könnte eine etwas andere Perspektive vielleicht weiterhelfen. Bis dahin hatte Traveler sechs- oder siebenmal ausgeschlagen, davon einmal in Richtung des Mannes, der ihn hereingeführt hatte. Der Wallach war aber nie dicht bei jemand gewesen, wenn er ausgeschlagen hatte. Im Fall des Mannes, der ihn hergebracht hatte, war er sogar eigentlich von diesem weggerannt und hatte bewusst einen Sicherheitsabstand eingelegt, bevor er ausschlug.

Ich begann mich zu fragen, warum dieses Pferd, wenn es wirklich so bösartig und gefährlich war, sich nicht einfach umgedreht, den Mann mit beiden Hinterbeinen geschlagen, sich wieder umgedreht und ihn in den Boden gestampft hatte. Und überhaupt, warum griff er mich nicht an und versuchte mich in den Dreck zu stampfen? Wenn er gefährlich und respektlos war, warum rannte er dann von mir weg? Ich jedenfalls war der Ansicht, dass ein Pferd, das vor etwas davonläuft, seinem Fluchtinstinkt gehorcht, nicht seinem Kampfinstinkt. Bedeutet es nicht, dass es sich fürchtet, wenn es davonläuft?

Ich beobachtete Traveler weiter, während er seine Runden drehte. Und er legte zwar die Ohren an und schlug hin und wieder halbherzig aus, aber er hatte nicht die Absicht, irgendjemand zu verletzen. Tatsächlich schien mir immer weniger, dass er keinen Respekt vor mir hatte, sondern dass er sich zu schützen versuchte. Traveler sah aus wie ein Herdenmitglied, das von einem dominanten Ranghöheren herumgescheucht wird.

Wenn ein dominantes Herdenmitglied ein rangniederes von einem Haufen Heu vertreiben will, jagt es dieses weg oder greift es sogar an. Das rangniedere Pferd legt meist die Ohren an und schlägt in Richtung des Angreifers aus. Höchst selten macht es aber Ernst und trifft ihn auch. Normalerweise ist das Ausschlagen nichts als eine leere Drohung, die dem dominanten Pferd sagt: Ich gehe ja schon, aber glücklich bin ich nicht darüber.

Genau diesen Eindruck machte Traveler. Er wirkte wie ein Pferd, das sich selbst verteidigt, nicht wie eines, das angreifen möchte.

Wenn ich mit der Vermutung Recht hatte, dass er sich eher verteidigen als angreifen wollte, würde Traveler wahrscheinlich über kurz oder lang nach Hilfe Ausschau halten. Er würde einen Weg aus dieser Situation herausfinden wollen, ohne dass es ihn oder mich allzu viel kostete. Ich beschloss, so wenig bedrohlich zu wirken, wie ich nur konnte. Wenn ich ruhig genug war, dass Traveler ein wenig Vertrauen zu mir fassen konnte, würde er vielleicht Hilfe von mir annehmen.

Ich blieb weiterhin so ziemlich am selben Fleck mitten im Roundpen stehen, Halfter und Führstrick über den Unterarm drapiert. Er rannte, ich sah zu. Nach unzähligen Runden verfiel er in einen halbwegs gemächlichen Trab. Nach drei oder vier Runden im Trab wurde mir klar, dass er anfing in einen Rhythmus zu verfallen, der nicht in meinem Sinne war. Pferde können in Stress-Situationen mit der Zeit im Trab in einen tranceähnlichen Zustand geraten. Sie können dann mit wenig Anstrengung nonstop lange Zeit weiterlaufen, was in meiner Situation aber keineswegs wünschenswert war. Ich brauchte Travelers Aufmerksamkeit, damit ich ihm helfen konnte, eine Lösung für sein Problem zu finden.

Deshalb ging ich nach einigen Runden ruhig zur Umzäunung hinüber, sodass ich ihm im Weg stand, als er um die Kurve kam. Kaum hatte er mich gesehen, als er auch schon die Bremse zog, sich herumwarf und so schnell er nur konnte in die andere Richtung lief – ein weiteres Zeichen dafür, dass er keinerlei aggressive Absichten verfolgte.

Nachdem Traveler in die andere Richtung gelaufen war, ging ich zurück in die Mitte und wartete seinen nächsten Zug ab. Er lief noch ein paar nervöse Runden und fing dann plötzlich an, mir ganz kurze Blicke zuzuwerfen. Jedesmal verlagerte ich mein Gewicht etwas nach hinten. Dieses Angebot, den Druck, unter dem er sich fühlte, ein wenig zu vermindern, schien genau das zu sein, was er brauchte. Als hätte jemand einen Schalter umgelegt, begann er mir den Kopf zuzuwenden und mir lange, ängstliche Blicke zuzuwerfen. Jedesmal, wenn er mich ansah, verlagerte ich mein Gewicht von ihm weg und jedesmal, wenn ich das tat, wurden seine Blicke länger und fragender.

Nach wenigen kurzen Minuten wendete er abrupt von der Umzäunung ab und kam mit besorgtem Gesichtsausdruck auf mich zugetrabt. Ich wollte ja, dass er kam, aber das Tempo, das er dabei vorlegte, beunruhigte mich etwas. Damit er ein bisschen langsamer wurde, hob ich ganz leicht meine Arme seitwärts an. Diese winzige Bewegung überraschte Traveler. Er zog sofort die Bremse und ging ein paar Schritte rückwärts, sah mich dabei aber weiter an. Er atmete schwer und war schweißüberströmt von seiner Rennerei, aber er stand ganz still und schien auf weitere Anweisungen zu warten.

Ganz offensichtlich wartete er auf ein wenig Beruhigung und Bestärkung, und so ging ich langsam zu ihm hinüber und streichelte ihn so sanft wie ich konnte zwischen den Augen. Er ließ den Kopf sinken, seine Augen wurden weich, und er stieß einen langen, tiefen Seufzer aus. Ich streichelte ihn einen Augenblick weiter und ging dann zurück in die Mitte des Roundpens. Ruhig kam er mir nach. Von da an wich er mir nicht von der Seite. Wohin ich ging – er ging mit. Ob ich schnell oder langsam ging – er blieb bei mir. Er wollte unbedingt in meiner Nähe sein, aber er rempelte mich nicht ein Mal an oder drängte mich zur Seite. Er stoppte, wenn ich stoppte, und er bewegte sich, wenn ich mich bewegte. Insgesamt machte er die größten Anstrengungen, es mir in allem recht zu machen, auch wenn das, was ich verlangte, nur ganz geringfügige Dinge waren. Es war klar, dass er keinen Fehler machen wollte, aber darüber hinaus schien es, als ob er vor allem verzweifelt versuchte, mich nicht wütend zu machen.

Die nächsten paar Minuten versuchte ich ihm zu versichern, dass alles okay war. Ich streichelte und klopfte ihn am Kopf, an den Schultern und am Rücken, und er wurde mit jeder Minute ruhiger. Nach einer Weile war offensichtlich, dass er sich mit mir und dem, was ich tat, ziemlich wohl fühlte. Ich dachte, es wäre ein guter Zeitpunkt, ihn ein wenig sich selbst zu überlassen, damit er darüber nachdenken konnte, was gerade geschehen war, und die Dinge zu verinnerlichen. Mit dieser Absicht streichelte ich ihn noch einmal an der Stirn und verließ den Roundpen. Er ging mir nach zum Tor und beobachtete, wie ich hinausschlüpfte. Ich muss sagen, dass das, was dann geschah, für mich eine Überraschung war. In all der Zeit, die ich mit Pferden gearbeitet hatte, hatte ich nichts Vergleichbares erlebt.

Kaum hatte ich das Tor hinter mir verriegelt, da wieherte Traveler ganz leise und tief. Er sah zu, wie ich mich umwandte und zu Jan und ein paar anderen Leuten hinüberging. Er wieherte weiter leise und imitierte jeden Schritt, den ich draußen machte. Wenn ich anhielt, hielt auch er an. Wenn ich weiterging, ging auch er weiter. Jedesmal wenn er anhielt, hob er den Kopf über die Umzäunung und sah mich, immer weiterblubbernd, direkt an. Ich ging einmal außen um den ganzen Roundpen herum, und er ließ mich nicht einen Augenblick aus den Augen. Wir trafen uns am Tor, und als ich zu ihm hinein ging, benahm er sich, als sei ich sein lang vermisster bester Freund, den er seit zwanzig Jahren nicht gesehen hatte.

Die Kehrtwendung in seinem Verhalten war so grundlegend, dass sie jeden verblüffte, mich eingeschlossen. Er folgte mir noch ein paar Runden innerhalb des Roundpens, bevor ich langsam den Arm hob und Anstalten machte, ihm das Halfter überzuziehen. Wie auf Stichwort ließ er den Kopf ins Halfter fallen und stand ruhig da, während ich die Schnalle schloss. Ich drehte mich um und führte ihn herum, und er kam ruhig hinter mir her.

Ich fragte Jan, ob sie hereinkommen und ihn ein bisschen führen wolle (etwas, was sie seit fast drei Monaten nicht mehr getan hatte). Widerstrebend und voller Vorbehalt willigte sie ein. Als sie den Roundpen betrat, sah Traveler kurz hoch, war aber ansonsten nicht interessiert. Jan glaubte nicht, dass der nun extrem ruhige Traveler auf sie genauso reagieren würde wie auf mich und bat mich, bei ihr zu bleiben, während sie ihn herumführte. Ich hatte nichts dagegen. Als ich ihr den Führstrick übergab, sah sie aus, als hinge am anderen Ende ein 900 Pfund schwerer Bengaltiger und ich hätte von ihr verlangt, mit ihm durch die Fleischabteilung des Supermarkts zu gehen.

Zu dritt gingen wir versuchsweise einige Runden außen herum, aber es war klar, dass Traveler nicht die geringsten Absichten hatte, sich aufzuführen. Jan brauchte nicht allzu lange, um zu erkennen, dass Traveler sich alle Mühe gab, ein guter Junge zu sein. Ihr Vertrauen zu ihm wuchs sichtlich mit jeder Runde. Also ging ich wieder in die Mitte des Roundpens und ließ sie mit Traveler allein herumgehen. Der Führstrick hing durch, Jan ging ganz entspannt und Travelers Kopf blieb tief und ruhig.

Die nächsten paar Tage begann Traveler sein Vertrauen zu Jan, das er verloren hatte, zurückzugewinnen, und Jan gewann ihr Vertrauen zu ihm zurück. In dieser Zeit hatten wir Traveler longiert und am langen Zügel vom Boden aus gearbeitet, wir hatten sogar ein- oder zweimal den Sattel aufgelegt, ohne dass er sich einmal gemuckst hätte. Am dritten Tag ging Jan mit Traveler auf der ganzen Ranch spazieren, wie sie es früher getan hatte, bevor sie ihn zu dem Trainer gebracht hatte, der ihn vor über einem Jahr als respektlos und gefährlich eingeordnet hatte.

Nun, ich habe keine Ahnung, was sich zwischen Traveler und diesem ersten Trainer abgespielt hat. Vielleicht hat es eine Art Missverständnis zwischen den beiden gegeben, das Traveler in die Defensive getrieben und den Trainer erschreckt hat. Schwer zu sagen. Eines aber weiß ich sicher: dass jeder der Beteiligten die Situation aus einer anderen Perspektive gesehen hat.

Als ich gebeten wurde, mit ihm zu arbeiten, hatte sich Jan von drei verschiedenen Profi-Trainern überzeugen lassen, dass das Pferd respektlos und gefährlich war (obwohl es nie jemand wirklich verletzt hatte). Man hatte ihr gesagt, dass er eine harte Hand brauchte, damit er Respekt und Manieren lernte. Also glaubte Jan, sie hätte ein bösartiges, respektloses Pferd, dem sie jedesmal zeigen musste, wer der Boss war. Unglücklicherweise wurde die Situation davon nicht nur nicht besser, sondern tatsächlich noch viel schlimmer. Je mehr und je schärfer Jan Traveler zu korrigieren versuchte, desto weniger kam sie mit ihm zurecht, bis sie sich schließlich nicht mehr in seine Box traute.

Travelers Perspektive war einfacher. Wann immer ihm jemand nahe kam, wurde er am Halfter gerissen, mit dem Führstrick geschlagen, angebrüllt und überhaupt schlecht behandelt. Für ihn bedeutete das, dass er sich verteidigen musste, sobald jemand auf zwei Beinen in Sicht kam. Wenn dann die Leute, die ihn schlugen und anbrüllten, Angst bekamen, dann war das wohl richtig so. Wie der Mustang, der gelernt hatte, auf Druck zu weichen und sich hinlegte, als er Druck auf dem Rücken spürte, reagierte Traveler auf die Situation schlicht auf die einzige Weise, die er kannte.

Jan und Traveler betrachteten dieselbe Situation aus zwei verschiedenen Perspektiven, und zwar diametral entgegengesetzte Perspektiven. Weiter auseinander hätten sie überhaupt nicht sein können.

Wenn Traveler aber von Menschen so offensichtlich durcheinander gebracht worden war – warum hatte es mich nicht sehr viel mehr Mühe gekostet, sein Verlangen nach Ruhe und Vertrauen zu Tage zu fördern? Die Wahrheit ist, ich musste nicht allzu viel tun, weil gar nicht allzu viel nötig war. Sehen Sie, wenn ein Pferd Angst oder Probleme hat, fängt es fast immer an, nach jemand oder etwas Ausschau zu halten, was ihm helfen könnte.

Wir dürfen, denke ich, nicht vergessen, dass der Grund, warum Traveler oder irgendein anderes Pferd in einer bedrohlichen Situation nach Hilfe Ausschau halten würde, ihre Herdennatur ist. Sie sind zum Überleben in höchstem Maß abhängig von anderen Artgenossen. In der freien Natur werden Sie selten ein Pferd für sich allein sehen, denn ein einzelnes Pferd ist gewöhnlich ein totes Pferd. Aus der Pferdeperspektive hängt Sicherheit also immer mit „Mehrzahl" zusammen, und das ist etwas, was jedes Pferd weiß. Der Schlüssel besteht also darin, dem Pferd begreiflich zu machen, dass Sie die Person sind, die ihm helfen kann, wenn es Hilfe braucht.

❖

Vor einigen Jahren bat mich ein Freund, ihm beim Zusammentreiben einer etwa hundertköpfigen Pferdeherde in Colorado zu helfen. Die Pferde hatten sich in einzelne kleine Verbände aufgeteilt und sich über ein raues, hügeliges Terrain von über zwölf Quadratkilometern verteilt. Wir waren zu sechst und teilten uns die Gegend zu zwei Gruppen. Meine Dreiergruppe sollte den südlichen Teil übernehmen.

In diesem Fall lagen der Heimatstall und der Fangzaun auf der einen Seite eines viel befahrenen Highways und die Weide auf der anderen. Weide und Fangzaun sind durch einen Tunnel verbunden, der unter dem Highway durchführt und durch den wir zu Beginn durchritten. Wenn wir die Pferde zusammen hatten, mussten wir sie aus den Ausläufern der Berge zurück durch den Tunnel in den Fangzaun treiben. Wenn wir Glück hatten, würde das nicht mehr als drei oder vier Stunden dauern.

Nach etwa einer halben Stunde kamen wir auf einen alten Wildpfad, der uns die Hügel hoch und dann in die Canyons und schmalen Täler hineinführte, wo wir hofften, die Pferde inmitten des frischen grünen Grases zu finden. Wir ritten den Pfad fast eine Stunde entlang, bis wir an einen Grat kamen, von dem aus wir ein lang gestrecktes Tal am südlichen Ende überblicken konnten. Unter uns grasten friedlich etwa fünfzig Pferde, jeweils in kleinen Grüppchen: hier vier oder fünf, dort sechs oder sieben, zwei oder drei weiter oben am Hang. Vom Standpunkt des Zusammentreibens konnte es ein Problem darstellen, dass sie sich so weit verteilt hatten. Wir beschlossen, die Situation erst einmal zu überdenken, um sie nicht womöglich noch weiter auseinander zu treiben und unseren Tag länger zu machen als unbedingt nötig.

Wir saßen ein paar Minuten ruhig an dem Felsgrat und diskutierten über die beste Methode, die Pferde zusammenzutreiben, bevor wir sie nach Norden durch den Tunnel und in den Fangzaun bugsieren konnten. Wie das Leben so spielt, entdeckte uns eines der Pferde unten im Tal, und da es sich nicht ganz sicher war, was die Gestalten hoch da oben bedeuteten, ließ es ein lautes, warnendes Schnarchen hören. Es schallte das ganze Tal entlang und ließ sämtliche anderen Pferde ebenfalls aufmerksam werden. In weniger als zwanzig Sekunden hatten sich all die kleinen Grüppchen im Tal instinktiv zu einem großen Verband zusammengeschlossen und wirbelten nervös in der Mitte des Tals herum.

Das schien unsere Aufgabe zu erleichtern. Wir mussten nur ruhig hinunterreiten und sie gemächlich vor uns her nach Norden in Richtung Tunnel treiben. Na ja, kaum hatten wir mit dem Abstieg begonnen, als die Pferde plötzlich kehrtmachten und davonliefen. Bis wir den Rest des Weges hinuntergeklettert waren, konnten wir gerade noch sehen, wie die letzten der Pferde einem anderen Wildpfad nordwärts hoch in die Berge folgten. Wir setzten unsere Pferde in Galopp und ritten durch das Tal und dann ihnen nach den anderen Wildpfad hoch.

Bis wir oben ankamen, waren die Pferde fast eine halbe Meile entfernt und im vollen Galopp. Wir folgten so schnell wir es in Anbetracht des Terrains konnten und holten sie schließlich nach einigen Minuten in einem weiten Tal ein. Zu unserer nicht geringen Überraschung war die ursprüngliche Herde von etwa 50 Pferden inzwischen beträchtlich angewachsen, und es kamen jeden Augenblick noch mehr dazu. Offenbar waren auch andere Familienverbände, die in der Nähe gegrast hatten, von der vorbeistürmenden Herde alarmiert worden. Statt aber anzunehmen, dass der Herde irgendetwas Gefährliches auf den Fersen war und sicherheitshalber in die andere Richtung zu laufen, sagte der Instinkt diesen Pferden, sie sollten sich der größeren Gruppe anschließen.

Aus Wäldern und Seitentälern kamen Pferde aus vollem Halse wiehernd und so schnell sie konnten herbeigaloppiert. Als sie auf die Herde trafen, sah es aus, als hätte jemand einen Stein in einen Teich geworfen. Vom Zentrum aus liefen Pferde wellenförmig in alle Richtungen. Die Herde war total konfus und drehte sich unaufhörlich ziellos im Kreis.

Und dann geschah etwas höchst Interessantes. Auf der Suche nach einem Weg hinunter ins Tal ritt ich mein Pferd den Abhang hinunter. Plötzlich bewegten sich mehrere Pferde aus der Herde in meine Richtung. Sie stürmten nicht und wirkten auch nicht panisch, eher so, als ob sie Hilfe suchten. Als ich am Talgrund angekommen war, fand ich einen Trail, der in die Richtung des Tunnels zu führen schien, und ritt ihn vorsichtshalber ein Stück entlang. Nach vielleicht zweihundert Metern blickte ich mich um und sah, dass mir fast die gesamte Herde folgte. Leicht überrascht, aber durchaus geneigt, einem geschenkten Gaul (oder mehreren) nicht weiter ins Maul zu schauen, drehte ich mich nur wieder um und führte die Herde den Trail hinunter ins Flachland. Meine zwei Kumpels sammelten die Nachzügler ein und trieben sie hinterher.

Liebend gern würde ich Ihnen nun erzählen, dass die Pferde mich durch das Tal reiten sahen und fanden, ich sähe aus wie der große Anführer persönlich, weshalb sie beschlossen, mir zu folgen. Vermutlich hatte ich aber gar nicht allzu viel damit zu tun. Höchstwahrscheinlich hielten die Pferde in ihrer Angst und Aufregung Ausschau nach einem Anführer, der ihnen sagen konnte, was sie tun sollten. Keines wusste so recht, wie sie aus dem Tal wieder hinausfinden sollten. Zu diesem Zeitpunkt ritt ich auf einem ganz ruhigen Pferd ins Tal hinein, einem Pferd, das ein Ziel zu verfolgen schien – was es auch wirklich tat, suchten wir doch nach etwas ganz Bestimmtem. Ich glaube, ein paar der Pferde sahen mein Pferd, nahmen an, dass es wusste, wohin es wollte, und beschlossen, ihm zu folgen. Schließlich wirkte es ruhig und selbstsicher, und tatsächlich zeigte es ihnen ja auch den Weg aus dem Tal.

In stressigen Situationen halten sich meiner Meinung nach viele Pferde lieber an ein anderes Pferd als an ihren Reiter, besonders wenn dieser sich zuvor nicht unbedingt als sehr zuverlässig erwiesen hat. Vom Standpunkt des Pferdes aus verdient anscheinend sogar ein fremdes Pferd Vertrauen. Wenigstens wird es sich verhalten wie ein Pferd. Menschen dagegen haben manchmal Probleme damit, auch nur von einem Tag auf den anderen eine gewisse Beständigkeit zu beweisen. Deshalb verlassen sich Pferde womöglich nicht unbedingt auf unser Urteil, wenn es darauf ankommt.

Zwei Erlebnisse brachten mir vor nicht allzu langer Zeit diesen Punkt noch einmal besonders zu Bewusstsein. Einmal gab ich während einer dieser Expo-Dinger Reitunterricht in einer Arena. Der Reiter und das Pferd, mit denen ich arbeiteten waren kein Problem. Sie arbeiteten sogar sehr gut zusammen. Meine Aufmerksamkeit wurde von etwas gefesselt, was sich außerhalb der Arena ereignete. Eine Frau brachte einen ungesattelten braunen Wallach und blieb in der Nähe des Eingangs stehen. Das Pferd war offensichtlich etwas nervös wegen der neuen Umgebung, dem Trubel, den vielen Menschen und fremden Pferden. Ab und zu wieherte er und schaute zurück in Richtung Stall, aber ansonsten schien er sich Mühe zu geben, sich unter Kontrolle zu halten. Ein plötzlicher Windstoß brachte eine Fahne unmittelbar neben dem Pferd zum Flattern. Der Wallach sprang ein paar Schritte zurück, weg von der Fahne, und zog an dem Führstrick, den die Frau in der Hand hielt. Die Frau stemmte sich dagegen, ergriff den Strick mit beiden Händen und brüllte ein paarmal „Ho!" mit höchster Lautstärke, was das Pferd noch mehr erschreckte. Es zog noch schneller rückwärts, was die Frau veranlasste, noch lauter zu brüllen, was das Pferd noch mehr erschreckte ...

Na ja, Sie wissen sicher, wenn so etwas erst einmal angefangen hat, passiert früher oder später meistens etwas. So auch hier. Das Pferd hatte seinen Rückwärtsgang inzwischen derartig beschleunigt, dass es in null Komma nix vom Eingang bis an die Zuschauertribünen gelangt war. Ehe man sich's versah, hatte ihn seine Besitzerin erfolgreich rückwärts in die Seitenwand gesetzt. Wie Sie sich vorstellen können, war das für den Wallach ein Schock und er sprang nach vorn und seiner Besitzerin fast auf den Schoß.

Diese hatte ihn zwar die ganze Zeit nach vorn gezogen, um ihn am Rückwärtsgehen zu hindern, war darauf aber absolut nicht vorbereitet und beschloss, ihn für dieses „respektlose" Benehmen zu strafen, indem sie ihn mit dem Ende des Führstricks ein paarmal ins Gesicht schlug. Daraufhin rannte das Pferd im Kreis um sie herum, was aber ebenso wenig in ihrer Absicht gelegen hatte, weshalb sie anfing am Strick zu reißen, um den Wallach zum Stehen zu bringen. Na, das Pferd dachte vermutlich, es solle wieder rückwärts gehen, was es dann auch tat. Das wiederum veranlasste die Besitzerin, den Strick mit beiden Händen zu packen und „Ho!" zu brüllen. Damit ging das Ganze wieder von vorn los, aber Sie wissen schon, was ich meine.

Von da an konnte sich das Pferd nicht mehr beruhigen und die Besitzerin zerrte, schlug und brüllte weiter und dachte, das würde schlussendlich etwas nützen. Es wurde aber nur noch schlimmer, weshalb die Besitzerin immer wütender und das Pferd immer ängstlicher wurde. Kurz darauf hatte die Frau vermutlich das Gefühl, dass ihr Pferd zu viel Aufregung verursachte und führte es zurück zum Stall. Auf dem ganzen Weg zerrte sie an dem Pferd herum, das vorwärts sprang oder um sie herum kreiselte, nur um weiter geschlagen und angebrüllt zu werden.

In den Augen der Frau war das Pferd respektlos ihr gegenüber, weil es nicht tat, was sie wollte. Vom Pferd aus gesehen machte seine Besitzerin ihm Angst, weshalb es so weit wie möglich von ihr fort wollte.

Das zweite Erlebnis war das genaue Gegenteil hiervon. Während eines Seminars, das ich ein paar Monate zuvor gegeben hatte, führte ein Mann sein junges Pferd gerade aus dem Roundpen zum Hänger, um es abzusatteln. Wir hatten die Tage daran gearbeitet, das Vertrauen des jungen Pferdes zu gewinnen und ich hatte den Eindruck, dass uns das auch nicht schlecht gelungen war. Das Pferd war das erste Mal von Zuhause weg, es hatte erst zwei- oder dreimal einen Sattel getragen und zum ersten Mal einen Reiter – und es hatte alles relativ problemlos akzeptiert. Einer der Gründe dafür war, glaube ich, dass er die ganze Zeit ziemlich ruhig geblieben war und uns immer zu verstehen gegeben hatte, wenn er mit etwas, was wir ihm zu zeigen versuchten, Probleme hatte. Wir waren dann einfach ein paar

Schritte zurückgegangen und hatten so lange auf dieser Stufe mit ihm gearbeitet, bis er sich wieder wohl fühlte. Dann hatten wir den nächsten Schritt in Angriff genommen.

Es war der letzte Seminartag und er war das letzte Pferd vor der Mittagszeit. Auf dem Weg zum Hänger blieb der Besitzer des jungen Wallachs gleich neben dem Eingang zum Parkplatz stehen und unterhielt sich dort mit ein paar Leuten. Insgesamt standen vielleicht fünfzehn oder zwanzig Personen um sie herum oder nahe bei ihnen.

Plötzlich kam ein Wind auf und hob das Tischtuch auf einem Richtertisch in der Nähe an. Das junge Pferd erschrak, machte einen Satz und begann in halber Panik um seinen Besitzer herumzurennen. Die Leute darum herum wichen so schnell wie möglich aus. Ich stand etwa 50 Meter entfernt und konnte alles ganz genau sehen. Es war ein riesiges Durcheinander. Menschen brachten sich in alle Richtungen in Sicherheit, das Pferd lief, Mähne und Schweif im Wind wehend, die Steigbügel schlugen ihm in die Seite, das Tischtuch flatterte – alles schien in Bewegung. Alles bis auf den Besitzer.

Mitten in dem ganzen Durcheinander stand ruhig der Mann, der das Pferd zum Hänger hatte führen wollen, und hielt den Führstrick fest, während das Pferd herumkreiselte. Er stand ganz ruhig da und ließ das Pferd einfach im Kreis laufen, das Gesicht immer dem Pferd zugewandt. Das Pferd rannte ein paar Runden wie wild und fing dann an, mit dem Kopf zu schlenkern, als ob es nach Hilfe Ausschau hielte. Rund herum war alles in Bewegung – überall außer gleich da, am Ende seines eigenen Führstricks.

Ich würde sagen, es dauerte nicht mehr als fünfzehn Sekunden, bis das junge Pferd sich beruhigte und zu seinem Besitzer getrabt kam, der nur die Hand hob und es am Kopf streichelte. Auch wenn das Tischtuch immer noch flatterte und die Leute in alle Richtungen rannten, hatte das Pferd seine Hilfe gefunden. Als der Staub sich legte, kamen die Leute langsam zurück, etwas vorsichtiger diesmal, und nahmen ihre Unterhaltung wieder auf. Das Pferd stand still neben seinem Besitzer und muckste sich nicht, bis die Unterhaltung beendet war und der Mann sich umdrehte und es zum Hänger führte.

In den Augen des Besitzers hatte das Pferd sich erschreckt und er wollte seinen Schrecken nicht durch irgendwelche negativen Reaktionen noch größer machen. Aus der Perspektive des Pferdes hatte es sich erschreckt und hielt sich an das Einzige (ob Mensch oder Pferd oder sonst etwas), was so aussah, als könne es ihm helfen, seine Angst zu überwinden.

Der Besitzer hatte seinem Pferd gerade bewiesen, dass es seinem Urteil vertrauen konnte. Es war ein großer Unterschied zu der Frau, deren Pferd sich erschreckt hatte und das deshalb geschlagen worden war.

Was ich mit all dem zu sagen versuche, ist, dass einer der wichtigsten Bestandteile des Trainings mit Pferden mit Training überhaupt nichts zu tun hat. Es hat zu tun mit der Fähigkeit, die Möglichkeit in Betracht zu ziehen und zu verstehen, dass unsere Pferde möglicherweise das Leben mit anderen Augen sehen als wir. Die Tatsache, dass sie sich manchmal nicht ganz in unserem Sinne benehmen oder uns sogar Angst machen, heißt noch lange nicht, dass sie bösartig oder respektlos sind. Ich glaube, wir sind nur zu schnell bereit, unerwünschtes Verhalten unserer Pferde als Zeichen von Respektlosigkeit zu betrachten. In Wahrheit verhalten sie sich immer so, wie sie es für richtig halten, ob sie sich nun aggressiv, defensiv oder auch nur ruhig verhalten. Das unerwünschte Verhalten ist fast immer etwas, was sie von den Menschen, die mit ihnen umgehen, gelernt haben, auch wenn dies nicht in deren Absicht lag – zum Beispiel drängeln beim Führen oder rückwärts ziehen, wenn man angebunden wird. Wir müssen verstehen, dass dies nicht angeborenes, sondern angelerntes Verhalten ist.

Wir müssen immer daran denken, dass Pferde von Natur aus sehr kooperative und soziale Tiere sind. Das müssen sie sein. Es ist der Kernpunkt des Lebens in einer Herde. Der einzige Grund, weshalb sie 50 Millionen Jahre überlebt haben (und das übrigens ohne menschliche Einmischung), ist, dass sie gelernt haben, miteinander auszukommen und sich aufeinander zu verlassen.

Ich glaube, in den meisten Fällen wollen Pferde auch mit uns auskommen und sich auf uns verlassen. Das Problem ist, dass wir für sie nicht immer zuverlässig sind. Wenn sie in Schwierigkeiten geraten oder Angst bekommen, sehen sie sich deshalb manchmal anderswo nach Hilfe um.

Wenn wir das, was unsere Pferde tun oder was wir mit unseren Pferden tun, aus einer ein klein wenig anderen Perspektive sehen, können wir – daran glaube ich fest – auch Wege finden, mit ihnen auszukommen, ohne zuerst Dominanz ausüben zu müssen. Das öffnet ihnen die Tür dazu, in uns den wahren Führer zu sehen – jemand, der die meiste Zeit zuverlässig für sie die richtigen Entscheidungen trifft. Wenn uns das bei unseren Pferden die meiste Zeit gelingt, verzeihen sie uns den Rest.

Mit Pferden kommuni-
zieren, oder:
Erkenne den Versuch!

„Der Kuckuck soll dich holen", brummte ich vor mich hin.
„Wo liegt eigentlich das Problem?"

Ich saß seit einer Dreiviertelstunde im Sattel, und es lief überhaupt nicht gut. Ich ritt eine junge Stute namens Lacey, und wir hatten in aller Ruhe im Roundpen gearbeitet, bis mir einfiel, ich könnte ihr beibringen rückwärts zu gehen. Ich begann damit, sie aus dem Schritt zum Halten durchzuparieren, was sie willig tat. Dann machte ich, was man – wie jeder weiß – immer macht, wenn man ein Pferd rückwärtsrichten will: Ich zog an den Zügeln. Erst nur ganz leicht (fand ich wenigstens), aber sie ging nicht zurück. Ich zog ein bisschen stärker – immer noch nichts.

Es vergingen einige Minuten, und ich machte immer mehr Druck, bis ich nicht nur mit den Händen zog, sondern mich ganz nach hinten lehnte, um mehr Hebelkraft einsetzen zu können. Ich würde sagen, dass ich fast mein gesamtes Körpergewicht – alle meine damals siebzig Pfund – ins Gebiss legte, und sie legte nicht ganz einundsiebzig Pfund dagegen.

Nach einiger Zeit wurde ich müde und meine Hände begannen wehzutun. Schließlich musste ich aufgeben und den Druck nachlassen. Ich legte die Zügel über das Sattelhorn und betrachtete die Furchen, die die Zügel in beiden Händen hinterlassen hatten.

„Zum Kuckuck", sagte ich und rieb meine Hände gegeneinander, um die Furchen zu glätten. „Du bist doch ein hartmäuliges Sch ... tier!"

„Wie läuft's?", hörte ich plötzlich die Stimme des alten Mannes hinter mir.

Aufgeschreckt hörte ich mit dem Händereiben auf, nahm die Zügel und wendete die Stute in seine Richtung.

„Prima", stieß ich hervor. „Es läuft gut."

„Arbeitet sie gut mit?"

„Keine Probleme", sagte ich mit einem gezwungenen Lächeln und klopfte der Stute den Hals.

„Aha", nickte er. „An was arbeitet ihr gerade?"

„Arbeiten?" Ich merkte, dass ich unbewusst wieder die Hände gegeneinander gerieben hatte, um das Brennen in meinen Handflächen zu lindern. „Och, wir haben gerade … Ich dachte, wir könnten mal versuchen …"

„Ihr Stillstehen beizubringen?"

„Häh?"

„Stillstehen", sagte er, hob den Fuß und setzte ihn auf die unterste Stange der Umzäunung. „Ich habe gesehen, dass ihr zwei ziemlich lang auf einem Fleck gestanden seid. Arbeitest du daran, ihr das Stillstehen beizubringen?"

„Äh, ja, so was Ähnliches, denke ich."

Der alte Mann nickte bedächtig und schien über etwas nachzudenken. Er rieb sich langsam das Kinn und stützte schließlich beide Ellbogen auf die oberste Stange.

„Ich glaube, sie hat's", sagte er, wieder mit dem bedächtigen Nicken.

„Häh?"

„Sie hat's begriffen – das Stillstehen." Er zeigte lässig auf die Stute. „Sie steht ziemlich gut."

„Oh, ja", stimmte ich profihaft zu. „Das macht sie jetzt schon sehr schön."

„Solltest dann vielleicht was anderes anfangen", sagte er. „Wo sie doch schon so schön steht und so."

„Ja", nickte ich. „Vielleicht arbeite ich ein bisschen an den Übergängen."

„Könntest du wohl." Er rieb sich wieder das Kinn. „Aber noch besser wäre, wenn du am Rückwärtsrichten arbeiten würdest."

„Rückwärtsrichten?"

„Ja", nickte er. „Wir sollten vielleicht sicher sein, dass sie rückwärts geht, bevor wir an Übergängen arbeiten."

„Ich weiß nicht", wand ich mich. „Ich bin nicht sicher, dass sie der Rückwärtsgeh-Typ ist."

„Wirklich?" Ein leichtes Lächeln huschte über sein wettergegerbtes Gesicht. „Na, ich denke, wir werden's nie herausbekommen, wenn wir es nicht versuchen, oder?"

„Na ja, ich hab's ein bisschen versucht, aber sie schien nicht viel davon zu halten."

„Aha", nickte er wieder. „Sollen wir es noch mal versuchen?"

„Okay", stimmte ich zu, mit einem Hauch von Sarkasmus in der Stimme. „Aber ich glaube nicht, dass sie es mag."

Damit rieb ich ein letztes Mal meine Hände gegeneinander, nahm die Zügel auf und fing an, Druck auf das Gebiss auszuüben. Ich konnte spüren, wie sich Lacey dagegenlehnte, während ihre Nase nach vorn kam. Ein paar Sekunden hielt ich den Druck aufrecht, aber dann begannen die Furchen in meinen Handflächen wieder zu schmerzen. Ich ließ den Druck nach und schaute hinüber zu dem alten Mann.

„Siehst du", sagte ich. „Ich glaube nicht, dass sie viel davon hält."

Der alte Mann nickte bedächtig und ging um den Roundpen herum. Er öffnete das Tor, ging hindurch und schloss es ruhig hinter sich. Er kam zu uns herüber, klopfte Lacey den Hals und sagte, ich solle es noch einmal versuchen. Ich war nicht gerade begeistert davon, stimmte aber zu.

Noch einmal nahm ich die Zügel auf und übte Druck auf das Gebiss aus, und wieder stieß Lacey ihre Nase nach vorn und lehnte sich dagegen.

„Okay", sagte der alte Mann. „Ich glaube, ich weiß, wo das Problem liegt."

Fein. Endlich merkte er, was ich ihm die ganze Zeit klar zu machen versucht hatte. Die verflixte Stute wollte nicht rückwärts gehen. Es wurde auch Zeit, und ehrlich gesagt war ich ein bisschen erstaunt, dass er so lange gebraucht hatte, um es zu begreifen. Normalerweise war er nicht so langsam.

„Was dagegen, wenn ich es mal versuche?", fragte er.

„Nein", sagte ich überrascht. „Überhaupt nicht."

Damit ließ ich die Zügel fahren und wollte absitzen, aber er sagte, ich solle oben bleiben. Ich setzte mich wieder richtig in den Sattel und stützte die Hände in die Hüften, während er neben Lacey stand und vorsichtig die Zügel aufnahm. Langsam verkürzte er sie, bis sie nicht mehr durchhingen, hörte dann aber plötzlich auf und ließ sie wieder ein Stückchen durchhängen. Er wartete ein paar Sekunden und nahm dann die Zügel allmählich wieder an. Wieder hielt er plötzlich inne und ließ den leichten Druck, den er aufs Gebiss aufgebaut hatte, wieder nach. Das machte er noch dreimal, und beim vierten Mal spürte ich, wie Lacey ihr Gewicht nach hinten verlagerte. Der alte Mann gab noch einmal nach und nahm die Zügel noch einmal an, und da kippte Laceys Kopf ab und sie glitt still und widerstandslos zurück. Erst einen Schritt, dann noch einen, dann noch einen – in einer fließenden Folge.

Der alte Mann entspannte seine Hände, und Lacey hielt an. Er ließ die Zügel los und streichelte ihr sanft den Hals. Nach ein paar Minuten nahm er die Zügel wieder auf und übte einen leichten Druck aus. Die Stute zögerte ein paar Sekunden, und als ich gerade anfing zu glauben, die ersten paar Schritte zurück seien ein Zufallstreffer gewesen, fing sie wieder an rückwärts zu gehen, diesmal ein bisschen schneller und noch fließender.

Als sie zwei oder drei Meter rückwärts gegangen war, ließ der alte Mann die Zügel los und streichelte ihr wieder den Hals.

„Ich glaube, sie hat doch nicht so viel gegen das Rückwärtsgehen", sagte er. „Warum arbeitest du nicht noch ein bisschen weiter mit ihr? Versuch einfach, nicht so viel zu ziehen und denk daran, dass du sie nicht mit dem Gebiss rückwärts richtest. Das Gebiss ist nur dazu da, dass sie spürt, was sie soll." Und damit drehte er sich um, ging aus dem Roundpen hinaus und überließ es mir, mir einen Reim auf das Geschehene zu machen.

Während ich ihm nachblickte, hallten seine Worte in mir nach. Was sollte das heißen, dass ich die Stute nicht mit

dem Gebiss rückwärtsrichten sollte? Das ergab keinen Sinn. Natürlich richtete ich sie mit dem Gebiss rückwärts. Dafür war es doch schließlich da, oder?

Ich ritt noch ein paar Runden, versuchte aber gar nicht erst, die Stute noch einmal rückwärtszurichten. Was der alte Mann gesagt hatte, verwirrte mich, und ich wusste nicht genau, was er meinte. Der Satz lähmte mich irgendwie. Ich hatte keine Lust, es auch nur zu versuchen.

Später, als ich mit dem Reiten fertig war und die Stute auf die Weide gebracht hatte, ging ich in die Scheune und fing an, in der großen Box neben der Sattelkammer neue Bretter an die Wand zu nageln. Schon die ganzen letzten Tage hatte ich damit verbracht, verrottete Planken zu ersetzen. Heute konnte ich vielleicht mit der Arbeit fertig werden, wenn dem alten Mann in der Zwischenzeit nicht eine neue Beschäftigung für mich einfiel.

Ich glaube, ich hatte nicht mehr als zwei oder drei Nägel eingeschlagen, als der alte Mann in der Boxentür auftauchte. Ein paar Sekunden stand er wortlos da und schien sich mein Werk zu betrachten, bevor er in die Tasche langte und seine Zigaretten hervorzog. Ich schlug noch einen oder zwei Nägel ein, bevor mir dämmerte, dass er wohl kaum vor Ehrfurcht erstarrt angesichts meiner überragenden Zimmermannskünste dort stand. Ich hatte das Gefühl, dass er sich einfach zur Verfügung stellte, um die Frage zu beantworten, die mir im Kopf herumging – wegen des Gebisses, das nicht zum Rückwärtsrichten dienen sollte.

„Wie läuft's?", fragte er, nachdem er sich eine Zigarette angezündet hatte.

„Es läuft", erklärte ich und schlug den letzten Nagel ein.

Ich sah zu ihm hoch, als ich mich umdrehte, meinen Hammer hinlegte und das nächste Brett packte, aber ich sagte nichts. Ich fummelte das Brett an seinen Platz und merkte zu spät, dass ich vergessen hatte, Hammer und Nägel aufzunehmen. Sie lagen gut zwei Meter entfernt, und um sie zu holen, musste ich das Brett loslassen, worauf es mit Sicherheit herunterfallen würde. Es blieb mir nichts anderes übrig, als das Brett wieder abzusetzen.

Um in den Augen des alten Mannes nicht wie ein kompletter Idiot dazustehen, weil ich mein Werkzeug vergessen hatte, visierte ich das Brett scharf an, als ob ich mich vergewissern wollte, dass es auch wirklich in die Stelle passte, die ich gewählt hatte. Erst nach einiger Zeit ließ ich erkennen, dass ich mit dem Brett (das speziell für diese Stelle zugeschnitten worden war) vollständig einverstanden war, riss es wieder los und setzte es ab. Als hätte ich es von Anfang an so geplant, ging ich hinüber und nahm meinen Hammer und eine Hand voll Nägel. Die Nägel steckte ich zwischen die Lippen, wie es richtige Zimmerleute tun, und den Hammer in den Gürtel. Dann passte ich das Brett wieder ein und begann zu hämmern.

Der alte Mann rührte sich nicht vom Fleck. Er stand einfach da, als ob es nichts Wichtigeres gäbe, als mir beim Hämmern zuzusehen. Na, ich war bald fertig mit dem Brett und inzwischen war klar, dass der alte Mann nicht weggehen würde, bevor ich nicht die Frage gestellt hatte, die mir, wie er wusste, auf der Zunge lag.

„Lacey ist heute nicht schlecht gegangen", bemerkte ich, während ich zurücktrat und mein Werk begutachtete.

„Sah so aus, als ob sie gut ginge", stimmte er zu und stieß eine Rauchwolke aus. „Wie ist sie rückwärts gegangen, nachdem ich weg war?"

„Äh, eigentlich ...", fing ich an. „Eigentlich hatte ich gar keine Gelegenheit mehr, sie rückwärtszurichten."

„Nein?"

„Nein", sagte ich mit einem Hauch von Verlegenheit in der Stimme. „Ich glaube, ich wusste nicht, was du damit meintest, dass ich sie nicht mit dem Gebiss rückwärtsrichten sollte."

Endlich sah ich zu dem alten Mann hoch. Auf seinem Gesicht lag ein leises Lächeln. Er nahm einen Zug von seiner Zigarette, nickte bedächtig und machte mir ein Zeichen, ihm in die Sattelkammer zu folgen.

Ich legte meinen Hammer auf den Bretterstapel und ging ihm nach. Er stand in der Sattelkammer und schaute auf ein paar Trensen an der Wand. Er langte hoch und nahm einen alten Zaum mit einer Wassertrense herunter. Die Zügel waren ein bisschen verheddert, und er fummelte ein Weilchen herum, bis er sie entwirrt hatte. Dann gab er mir das Zaumzeug mit dem Gebiss und behielt selbst die Zügel in der Hand.

„Nimm mal das Gebiss in die Hand", sagte er und kniff leicht die Augen zusammen, weil ihn der aufsteigende Zigarettenrauch reizte. „Und das Zaumzeug ziehst du dir über den Arm."

Ich hängte mir das Zaumzeug über den ausgestreckten Arm, das Stirnband über der Schulter, und nahm das Gebiss in die Hand.

„Okay. Jetzt mach die Augen zu und sag mir, wann du den ersten Zug am Zügel spürst."

Ich machte die Augen zu und wartete. Nach ein paar Sekunden spürte ich, dass das Gebiss sich bewegte, sagte aber nichts, weil ich nicht das Gefühl hatte, dass er richtig an den Zügeln „zog".

„Spürst du was?", fragte er.

„Äh, nein. Ja. Irgendwie schon, glaube ich."

„Was nun?"

„Äh, ich glaube, ja. Ich spür' was."

„Okay, gut." Ich konnte fühlen, wie das Gebiss wieder locker wurde. „Und jetzt möchte ich, dass du einen Schritt in Richtung Druck machst, sobald du etwas spürst. Klar?"

Ich nickte und wartete darauf, dass das Gebiss sich wieder bewegte. Ich spürte einen ganz leichten Zug am Gebiss, fast unmerklich, aber ich war sicher, er war da. Sobald ich ihn wahrnahm, machte ich – ganz der aufmerksame Musterschüler – einen Schritt nach vorn in Richtung Druck.

„Sehr gut." Sogar mit geschlossenen Augen konnte ich hören, dass der alte Mann lächelte. „Probieren wir's noch mal."

Ich entspannte mich und wartete wieder darauf, dass das Gebiss sich bewegte. Diesmal bewegte es sich noch weniger, aber wieder wollte ich der Musterschüler sein und machte einen Schritt nach vorn.

„Gut", sagte er wieder. „Und jetzt sag mir was."

Ich machte die Augen auf und sah ihn an.

„Hab ich dich mit dem Gebiss zu mir hingezogen?"

„Mich gezogen?" Ich war etwas verwirrt. „Nein."

„Hast du das Gefühl gehabt, dich gegen den Druck wehren zu müssen?"

„Nein."

„Ist es dir leicht gefallen zu tun, was ich dir gesagt habe?"

„Ja", sagte ich leicht überrascht. „Es war wirklich leicht."

„Schön", sagte er, nahm mir den Zaum ab und hängte ihn wieder sorgfältig an die Wand. „Für mich war es auch leicht."

Damit zog er ein letztes Mal an der Zigarette und rollte das Ende zwischen den Fingern, bis das rot glühende Ende so gut wie verschwunden war. Der restliche Tabak schwebte mit den letzten Fitzelchen Zigarettenpapier zu Boden. Er trat das Ganze mit der Fußspitze in den Boden und ging aus der Tür.

❖

Gleich am nächsten Tag holte ich Lacey herein, putzte und sattelte sie und führte sie zu unserer täglichen Arbeit in den Roundpen. Ich erinnere mich, dass wir beide bester Laune waren, und schon bald saß ich im Sattel und wir nahmen unsere Routinelektionen durch. Schritt, Wendung nach rechts, Wendung nach links, Halten, ein paar Sekunden Stillstehen, und das Ganze noch einmal von vorn. Nach vielleicht fünf Minuten beschloss ich, es wäre Zeit, sie rückwärtszurichten.

Lacey hatte sehr schön angehalten und stand ruhig da, als ich anfing, die Zügel anzunehmen. Ich versuchte verzweifelt, so weich und ruhig zu sein wie der alte Mann, als er sie am Tag zuvor rückwärtsgerichtet und er mit mir in der Scheune gearbeitet hatte.

Obwohl ich nur einen ganz leichten Druck ausübte, hatte ich zuerst nicht den Eindruck, dass die Stute in irgendeiner Weise reagierte. Eigentlich wollte ich gerade etwas mehr Druck machen, als mir plötzlich eine Idee kam. Als der alte Mann mich spüren lassen wollte, wann er Druck auf das Gebiss machte, hatte ich die Augen schließen müssen. Zugegeben, ich wusste nicht, ob er damit erreichen wollte, dass ich nicht sehen konnte, wann er die Zügel annahm oder dass ich wirklich spürte, was er machte. Wie auch immer, es war ein wichtiges Teil des Puzzle, das mir da entgangen war. Also schloss ich die Augen, während ich langsam die Zügel annahm.

Und schon spürte ich Dinge über die Zügel, die ich vorher nicht wahrgenommen hatte. Da war hier ein winziger Widerstand, dort ein leichtes Nachgeben, ein Klingeln vom Gebiss, ein kleines Nachgeben im Genick – alles innerhalb von Sekunden. Ich ließ den Druck kurz nach, nahm dann die Zügel wieder auf und spürte erneut eine Vielfalt von Bewegungen über die Zügel. Ohne Vorwarnung, während ich noch damit beschäftigt war, die verschiedenen

Bewegungen, die ich über die Zügel spürte, einzuordnen, kam von Lacey eine ganz neue Bewegung. Sie verlagerte ihr Gewicht nach hinten! Nicht viel, das nicht. Wenn ich darauf gewartet hätte, wäre es mir vielleicht gar nicht aufgefallen. Aber ich denke, da meine Augen zu waren, konnte ich die Bewegung erfühlen.

Sofort ließ ich das bisschen Druck, das ich ausübte, ganz nach, machte die Augen auf, lehnte mich nach vorn und klopfte der Stute den Hals. Ein paar Sekunden saß ich still im Sattel, dann versuchte ich es noch einmal. Ich machte die Augen zu, nahm die Zügel etwas an, und als ich Kontakt zu ihrem Maul spürte, wartete ich einfach ab. Es vergingen wohl keine sechs Sekunden, bevor ich wieder eine Reihe von ganz leichten Reaktionen spürte. Keine zehn vergingen, bis sie wieder das Gewicht nach hinten verlagerte, und sofort ließ ich die Zügel locker. Das wiederholte ich dreimal und plötzlich, fast ganz ohne Druck aufs Gebiss, trat sie mehrere Schritte zurück.

Vor lauter Schock, dass die Stute auf einen so leichten Druck hin zurückgetreten war, hätte ich beinahe die Zügel fallen gelassen. Aufgeregt suchte ich die Umgebung ab und hoffte, der alte Mann hätte gesehen, was ich gerade gemacht hatte, aber er war nirgends zu sehen. Ich fasste mich wieder und arbeitete mit Lacey in der gleichen Art weiter. In weniger als fünf Minuten trat sie fünf, zehn, fünfzehn Schritte in Folge zurück, und das auf einen so leichten Druck hin, dass ich es kaum für möglich hielt. Aber genau so war's.

Später erzählte ich dem alten Mann aufgeregt, was Lacey und ich erreicht hatten, und wie immer kam nicht viel Reaktion von ihm. Er saß da, hörte sich geduldig an, was ich zu sagen hatte, nickte ab und zu bedächtig und schien ansonsten ziemlich unbeeindruckt von meinem Bericht. Ich erinnere mich, dass er wartete, bis ich fertig geredet hatte, und sich dann eine Zigarette anzündete. Er stieß die erste Rauchwolke aus, lehnte sich in seinem Stuhl zurück und sah aus dem Fenster zur Weide hin.

„Jedesmal wenn du mit einem Pferd kämpfen willst", sagte er mit leiser, aber fester Stimme, „ist das Pferd bereit zurückzukämpfen. Tatsache ist aber, dass es sogar während dem Kämpfen immer noch versucht herauszubringen, was du eigentlich willst. Das Traurige daran ist, dass du so mit Kämpfen beschäftigt bist, dass du gar nichts von diesen Versuchen merkst. Klingt, als hättest du aufgehört, mit ihr zu kämpfen."

Damals waren das für mich nur Worte. Viel Sinn schien nicht dahinter verborgen zu sein. Vielleicht war ich noch zu jung oder auch zu hingerissen von dem, was ich gerade mit Lacey erlebt hatte. Jedenfalls sollte es noch Jahre dauern, bis mir restlos aufging, wie wichtig das, was der alte Mann damals gesagt hatte, tatsächlich war.

Es hatte einen einfachen Grund, warum man mich gebeten hatte, den jungen Wallach zu reiten: damit er flüssige Übergänge von einer Gangart zur anderen lernte. Daran arbeiteten wir nun seit etwa eineinhalb Stunden, aber seltsamerweise waren wir keinen Schritt weitergekommen. Mir fiel dazu nur ein, dass es eigentlich nicht so schwer sein dürfte.

Zugegeben, er war noch ziemlich grün, erst seit gut sechs Wochen unter dem Sattel – aber trotzdem schien er mehr als die üblichen Schwierigkeiten damit zu haben zu begreifen, was man von ihm wollte. Was ich auch tat, nichts schien ihn zu beeindrucken. Er bewegte sich sogar umso weniger, je mehr Druck ich ausübte. Inzwischen waren wir an einem Punkt angelangt, wo wir nur noch in einem sehr langsamen Schritt kleine Kreise in der Mitte des Platzes machten – wenn wir uns überhaupt bewegten.

Die Besitzerin hatte die ganze Zeit an der Umzäunung gestanden und zeigte nun Anzeichen von Frust angesichts meiner Unfähigkeit, eine Reaktion aus ihrem Pferd hervorzulocken. Ich konnte es ihr nicht verübeln, denn ehrlich gesagt fühlte ich mich langsam selbst reichlich frustriert. Ich hatte allmählich das Gefühl, das Pferd auf keine Weise dazu bringen zu können, das zu tun, was ich wollte. Ich hatte ihm die Absätze in den Bauch gedrückt, ihn mit den Zügelenden geschlagen und war im Sattel herumgerutscht, um ihm das Stehen ungemütlich zu machen – was mir überhaupt nur einfiel –, aber nichts hatte gewirkt. Jetzt spürte ich, wie mein Frust langsam die Oberhand gewann. Was noch schlimmer war: Ich spürte, dass mein Kopf anfing auszusetzen und sich stattdessen ein urzeitliches Verlangen breit machte, dieses Pferd zu einer Reaktion zu bringen, koste es, was es wolle. Es war kein schönes Gefühl, und ich brauchte meine ganze Willenskraft, um ihm nicht nachzugeben.

Ich beschloss, eine Pause zu machen, saß ab und führte das Pferd zu seiner Besitzerin hinüber.

„Geben Sie auf?", fragte sie, hörbaren Frust in der Stimme.

„Noch nicht", sagte ich. „Ich mache nur mal ein paar Minuten Pause."

„So ist er, seit ich ihn von dem Trainer zurückgeholt habe", sagte sie voller Abscheu. „Er hat gesagt, die Übergänge würden besser, aber sie werden immer schlechter. Vielleicht sollten Sie Sporen anziehen. Der andere Trainer hat ihn mit Sporen geritten."

„Lieber nicht, so lange es nicht unbedingt sein muss", antwortete ich und klopfte dem Wallach den Hals.

„Ich verstehe einfach nicht, warum das so ein Kampf sein muss", meinte sie kopfschüttelnd. „Man sollte doch meinen, es wäre leichter für ihn, es einfach zu machen, aber er versucht es noch nicht einmal."

Plötzlich traf es mich wie ein Blitz – genau zwischen die Augen. Mit einem Mal hörte ich das, was der alte Mann über das Kämpfen mit Pferden gesagt hatte, wieder so deutlich, als stünde er vor mir. Kein Wunder, dass ich aus dem Kleinen hier keine Reaktion hatte hervorlocken können – wie auch, ich hatte die ganze Zeit nur mit ihm gekämpft. Selbst wenn er es versucht haben sollte, war ich viel zu beschäftigt damit gewesen, was ich mit ihm machte, als dass ich es hätte bemerken können. Die ganze Zeit hatte ich auf die große Antwort gewartet – auf den Übergang. Dadurch waren mir aber die kleinen Dinge entgangen, die den Übergang schlussendlich ermöglichen würden – die Versuche. Bevor er einen Übergang machte, musste ich erst spüren, wie er einen Übergang versuchte. Und um zu spüren, wenn er es versuchte, musste ich vor allem eines – ich musste zurück in den Sattel und mich entspannen.

Ich wartete noch ein paar Minuten ab, um selbst wieder zu Atem zu kommen, dann nahm ich den Wallach wieder in die Platzmitte und saß auf. Diesmal war ich bereit, das Ganze aus einer völlig anderen Perspektive heraus anzugehen. Anstatt ihn dazu zu bringen, auf meine Hilfen zu reagieren, würde ich es ihm überlassen, die richtige Antwort herauszubringen. Was noch wichtiger war: Ich war eher dazu bereit, jeden Versuch seinerseits, das Richtige zu tun, auch zu spüren. Ich würde annehmen, was er zu geben hatte, und von da aus weitermachen.

Als ich im Sattel saß, forderte ich den Wallach zum Antreten auf, indem ich mit der Zunge schnalzte und ganz leicht die Schenkel anlegte. Diesmal spürte ich etwas, das ich vorher nicht gespürt hatte, eine Art Woge nach vorn, wenn auch nur für ein oder zwei Schritte. Keine Riesenwoge, das ganz sicher nicht, aber es war, als hätte eine Welle ihn von hinten gepackt und nach vorn geschoben. Schon nach einem oder zwei Schritten schien die Welle zu verebben und der Schwung war weg. Ich ließ ihn noch ein paar Schritte machen, schnalzte wieder und legte die Schenkel leicht an. Wieder kam die Woge vorwärts und wieder verebbte sie nach wenigen Schritten.

Mir dämmerte, dass diese kleinen Wogen vielleicht seine Versuche waren und ich sie übersehen hatte. Wenn diese Wellen tatsächlich der Ansatz war, auf den ich gehofft hatte, brauchte ich sie bis zum Übergang selbst vielleicht nur in der Art auszubauen, wie ich damals mit Lacey gearbeitet hatte. Ich musste den Versuch anerkennen, indem ich rechtzeitig meine Hilfe aussetzte, und auf dem Versuch aufbauen, indem ich die Hilfe wieder einsetzte, bevor die Vorwärtswelle total verebbt war.

Ich forderte ihn mit Zungenschnalzen und Schenkeldruck wieder zum Vorwärtsgehen auf und spürte wieder die Welle. Sobald ich merkte, dass er schneller vorwärts ging, setzte ich mit den Hilfen aus, setzte sie diesmal aber wieder ein, bevor die Welle verebbte. Fast sofort fühlte ich die nächste Welle und reagierte fast ebenso schnell damit, indem ich die Schenkel vom Pferd wegnahm. Er wurde ein wenig schneller und hielt dieses Tempo drei oder vier Schritte, bevor ich spürte, wie er etwas an Schwung verlor. Wieder schnalzte ich mit der Zunge und legte die Schenkel an, wieder wurde er schneller, und wieder nahm ich die Schenkel weg. Das ging ein paar Minuten so weiter. Jedesmal wenn ich meine Hilfen gab und damit wieder aussetzte, wurden seine Schritte etwas schneller und er konnte die lebhaftere Bewegung immer länger durchhalten.

Bevor ich recht wusste, wie mir geschah, war aus dem schleppenden Schritt, der vor kurzem noch unsere einzige Option gewesen zu sein schien, eine sehr flüssige, schwungvolle Vorwärtsbewegung geworden. Der gesamte Pferdekörper bewegte sich viel freier, das Pferd war viel konzentrierter und erheblich williger. Und dabei brauchte ich überhaupt keine Schenkelhilfen mehr. Ein einfaches Zungenschnalzen, wenn ich spürte, dass er an Schwung verlor, und er beschleunigte seinen Schritt wieder.

Wir ritten in einem schönen flotten Schritt einige Runden um den Platz, bevor ich beschloss, einen Übergang zum Trab zu verlangen. Dazu gebrauchte ich nur meine ersten Hilfen – einen leichten Schenkeldruck und ein Zungenschnalzen. Unverzüglich spürte ich eine große Woge unter mir und nahm die Schenkel weg. Bevor die Woge verebben konnte, wiederholte ich die Hilfen und erhielt eine noch größere Woge. Hilfen aussetzen und noch einmal ganz sanft wiederholen, und der Wallach ging von einem flotten Schritt in einen netten kleinen Trab über. Fünfzehn oder zwanzig Meter trabte er ruhig vor sich hin, als ich plötzlich spürte, wie er wieder Schwung holte. Es war aber eine andere Art von Schwung. Anstelle des flüssigen, konzentrierten Schritts war dies eine verspannte, ängstliche Art von Bewegung.

Es fühlte sich im Gegensatz zu der früheren Bewegung derartig ungemütlich an, dass ich in seinem Interesse so schnell wie möglich damit aufhören wollte. Wenn er Schwierigkeiten damit hatte, mich im Trab zu tragen, wollte ich sie auf keinen Fall dadurch verschlimmern, dass ich ihn zwang, mich zu tragen. Also entspannte ich mich im Sattel, nahm die Zügel ganz leicht an und brachte ihn zurück in den Schritt. Er seufzte tief, ließ den Kopf fallen und ging in flottem Schritt weiter.

Nach einer halben Runde Schritt forderte ich ihn wieder auf anzutraben. Diesmal schnalzte ich zwar, ließ die zusätzliche Schenkelhilfe aber weg. Er wurde schneller, trabte aber nicht an. Also setzte ich beim nächsten Mal auch die Schenkelhilfe wieder ein. Diesmal trabte er unverzüglich an. Nach zehn oder fünfzehn Metern, bevor er sich wieder verspannen konnte, parierte ich durch zum Schritt, und er blieb ruhig und locker.

Das machten wir vielleicht fünf Minuten, bevor er immer längere Trabstrecken ohne Probleme durchhielt. Bald konnte ich ihn mit ganz leichten Hilfen, oft nur einem Zungenschnalzen, innerhalb weniger Schritte in den Trab bringen und so lange traben, wie es ihm angenehm war. Mit jedem Übergang schien sein Vertrauen zu mir und zu sich selbst zu wachsen, und bald trabte er ganze Runden um den Platz, ohne sich zu verspannen.

Er war zwar lockerer im Trab, aber am meisten überraschte mich seine sensible Reaktion in den Übergängen. Als ich erst einmal aufgehört hatte, mit ihm zu kämpfen, und anfing, seine Bemühungen zu belohnen, wurde er extrem willig. Kampf und Verwirrung schienen dahinzuschmelzen und ein ganz neues Pferd wurde sichtbar.

Das war für mich wirklich eine Lernerfahrung, nicht nur weil wir bei unserer eigentlichen Aufgabe (dem Übergang vom Schritt zum Trab) einen Durchbruch erzielt hatten, sondern wegen der Art, wie wir ihn erzielt hatten. Von eineinhalb Stunden Kampf und Frust waren wir innerhalb von Minuten zu weichen, ruhigen Übergängen gelangt. Es war fast zu schön, um wahr zu sein. Aber es war wahr. Einfach so hatte dieses einzelne Pferd meine ganze Wahrnehmung, wie und warum ein Pferd auf Hilfen reagiert, verändert. Das Erlebnis hatte mir wirklich die Augen geöffnet!

❖

Nach der Erfahrung mit diesem Wallach gab ich mir viel mehr Mühe, die Versuche, die meine Pferde während des Trainings oder auch sonst anboten, zu erkennen und anzuerkennen. Sehr schnell fand ich heraus, wieviel ich bisher verpasst hatte in der einfachen Kommunikation zwischen Mensch und Pferd.

Zum Beispiel stellte ich fest, dass meine Pferde oft viel schneller auf meine Hilfen reagierten, als ich mir vorgestellt hatte. Häufig reagierten sie schon, bevor ich die Hilfe tatsächlich gegeben hatte – ein Gefühl, das einem fast Angst machen konnte.

Außerdem merkte ich, dass der Versuch oft so subtil war, dass er mir völlig entgangen wäre, hätte ich nicht speziell darauf geachtet. Infolgedessen war ich gezwungen, sehr viel aufmerksamer zu verfolgen, was meine Pferde jeweils machten, und zwar immer, nicht nur wenn ich etwas von ihnen verlangte.

Ich werde oft gefragt, was ich als Versuch auf eine gegebene Hilfe betrachte. Das ist schwer zu beantworten. Ein Versuch kann meiner Erfahrung nach alles sein, von einem fliegenden Wechsel zu einem Zucken mit dem Ohr, je nach Umständen und Pferd.

Einmal hatte ich ein Pferd, das Schwierigkeiten mit dem Stoppen hatte, wenn Druck auf das Gebiss gemacht wurde. Sobald man die Zügel annahm, war die erste Reaktion des Pferdes, die Nase vorzustrecken und sich gegen den Druck zu versteifen. Nach fünf, sechs Metern kam es schließlich irgendwie zum Stehen, aber nie war es ein weicher Übergang.

Als ich anfing, mit ihm zu arbeiten, gingen wir im Schritt und ich forderte ihn zum Anhalten auf, indem ich mein Gewicht im Sattel etwas nach hinten verlagerte und dann leicht die Zügel annahm. Zuerst spürte ich nur, dass er mehr vorwärts ging statt weniger. Aber allmählich spürte ich, dass er herauszubekommen versuchte, was ich eigentlich von ihm wollte. Ich spürte ein leichtes Abnehmen des Schwungs, kurz nachdem ich mein Gewicht verlagert und die Zügel aufgenommen hatte. Wenn dieser Schwungverlust seine Art von Versuch war, musste ich darauf achten, ihn für diesen Versuch zu belohnen.

Als ich ihn das nächste Mal zum Anhalten aufforderte und den kleinen Schwungverlust spürte, belohnte ich ihn sofort mit einem leichten Nachlassen des Zügeldrucks. Angehalten hatte er noch nicht, also nahm ich die Zügel wieder an und spürte erneut einen Schwungverlust. Ich gab wieder nach, und wieder kam er nicht zum Halten. Aber beim dritten Mal stoppte er, und diesmal war der Widerstand dagegen viel weniger ausgeprägt. Nachdem er angehalten hatte, nahm ich den Druck weg, ließ ihn ein, zwei Sekunden darüber nachdenken, nahm dann die Zügel wieder auf und forderte ihn auf rückwärts zu treten.

Ich nahm die Zügel gerade so viel an, dass ich Kontakt zu seinem Maul hatte, und wartete ab. Nach ein paar Sekunden merkte ich, dass er herauszubekommen versuchte, wie er den Druck loswerden könnte, auch wenn dieser nur ganz leicht war. Er streckte die Nase vor. Kein Nachgeben. Er schlug den Kopf hoch. Kein Nachgeben. Er ging gegen das Gebiss und bohrte mit dem Kopf nach unten. Kein Nachgeben. Er schlug mit dem Kopf von einer Seite zur anderen. Kein Nachgeben. Schließlich stand er mit vorgestreckter Nase, im Genick leicht gebogen, und fing an, das Gebiss ruhig im Maul umherzurollen. Ah, das war's, eine Art von Versuch.

Er ging zwar nicht wirklich rückwärts, aber es war da eine Weichheit, die vorher nicht da gewesen war. Er musste weich werden, bevor er zurücktreten konnte, und das hatte er mir gerade gegeben. Sofort belohnte ich ihn durch Nachgeben. Er wurde noch weicher. Ich nahm die Zügel wieder an und übte den gleichen leichten Druck aus. Wieder probierte er eine ganze Reihe von Dingen durch, um den Druck loszuwerden, stellte aber fest, dass das Einzige, was half, ein Nachgeben im Genick und ruhiges Halten des Gebisses im Maul war.

Danach wurde er mit jedem Zügelaufnehmen weicher, bis ich nach etwa fünf Minuten spürte, dass er tatsächlich über das Zurücktreten nachdachte. Wenn ich sage, dass er über das Zurücktreten nachdachte, meine ich das ganz wörtlich. Es war da eine kleine Bewegung, aber nur wie ein Muskel, der angespannt wird – eine Art Anfrage seinerseits, *Ist es das, worauf du wartest?*

Beim nächsten Versuch „dachte" er noch mehr. Statt einer Muskelanspannung war da so etwas wie eine Gewichtsverlagerung. Es war noch lange nicht das ganze Pferd, das nicht, aber der Versuch wurde wesentlich deutlicher. Das nächste Mal wurde aus der Verlagerung ein Driften, und danach aus dem Driften ein Schritt zurück. Aus einem wurden schnell zwei, aus zweien vier und aus vieren acht, und alles am ganz leicht anstehenden Zügel und ohne dass er im mindesten dagegen ging.

Eine halbe Stunde arbeiteten wir weiter am Anhalten und Rückwärtstreten, und mit jedem Mal wurde er weicher. Als wir für diesmal Schluss machten, ging er beim Stoppen nicht länger gegen das Gebiss und trat leicht wie eine Feder zurück. Und alles, glaube ich, weil seine Vorstellung von einem Versuch bemerkt und belohnt worden war.

Bei meiner Arbeit mit Menschen und Pferden halte ich es immer für eines der größten Probleme, dass die meisten Menschen gelernt haben, immer auf das zu achten, was ihre Pferde falsch machen. Weil sie immer nur auf die Fehler achten, übersehen sie leicht die kleinen Versuche und haben manchmal Schwierigkeiten, das Gute in ihren Pferden zu sehen, selbst wenn es sie anspringt und in den Hintern beißt.

❖

Vor ein paar Jahren wurde ich gebeten, jemand mit den fliegenden Wechseln bei seinem Araberwallach zu helfen. Nun war dieser Araber aber ein Ex-Showpferd und hatte über fünf Jahre mühelose fliegende Wechsel gezeigt. Der Mann hatte den Wallach vor etwa einem Jahr gekauft und ihn seither zu keinem einzigen fliegenden Wechsel bewegen können.

Das Paar kam in die Bahn und mir jedenfalls war sofort klar, dass der Mann „geladen" war. Er war nicht glücklich mit dem Pferd und von vornherein sauer auf den Wallach.

„Ich glaube, ich bin reingelegt worden", sagte er zu mir. „Seit ich ihn gekauft habe, versuche ich, fliegende Wechsel mit ihm zu reiten, aber er will einfach nicht. Er ist ein ziemlicher Sturkopf."

„Schön, sehen wir mal", sagte ich achselzuckend. „Vielleicht hat er nur Mühe zu verstehen, was Sie wollen."

„Oh, der weiß genau, was ich will", brummte der Mann. „Er streikt nur einfach."

„Gut", sagte ich. „Am besten fangen wir gleich an und sehen, was dabei herauskommt."

Der Mann saß auf und begann sofort um den Platz zu traben und dann zu galoppieren. Zuerst dachte ich, er würde das Pferd warm reiten. Dass das nicht der Fall war, merkte ich, als er im Lope auf der linken Hand durch die Mitte der Bahn ritt, plötzlich sein ganzes Gewicht nach rechts warf und mit den Zügeln ebenfalls nach rechts zog. Das war sein Versuch, einen fliegenden Wechsel zu reiten. Völlig überrascht und aus dem Gleichgewicht gebracht, warf das Pferd den Kopf hoch und fiel vom Lope in den Trab. Das erboste den Mann und er trat ihm heftig in die Rippen. Der Wallach drehte daraufhin mit dem Schweif, warf halbherzig die Kruppe hoch und galoppierte schließlich rechts an.

„Da sehen Sie, was ich meine!", brüllte der Mann quer durch die Bahn. „Er will einfach nicht."

Na ja, vermutlich war das eine Art, die Dinge zu betrachten. Die andere Art, die Dinge zu sehen, war die, dass es dem Wallach schlechterdings unmöglich war, einen fliegenden Wechsel zu produzieren, wenn er derartig aus dem Gleichgewicht gebracht wurde. Obwohl ich noch nicht viel gesehen hatte, war eines sicher: Das Pferd war gut geritten und schien auch durchaus willens zu sein zu tun, was man von ihm verlangte. Das war zu erkennen bei den Übergängen, die er tadellos absolvierte und auch bei dem Versuch, rechts anzugaloppieren, obwohl ihn sein Reiter vorher beinahe umgeworfen hätte.

Ich bat den Mann herzukommen, damit wir das Ganze ein bisschen langsamer angehen konnten. Er kam herübergeritten und ich erklärte ihm, dass sein Pferd meiner Meinung nach wahrscheinlich fliegende Wechsel machen würde, wenn wir sie richtig vorbereiten und uns dann heraushalten würden, damit er sie auch machen konnte. Das Gesicht des Mannes zeigte deutlich, dass er Schwierigkeiten hatte, den Sinn meiner Worte zu verstehen. Ich erklärte weiter, dass wir langsamer vorgehen und das Pferd mit dem Gedanken an fliegende Wechsel warm werden lassen würden, anstatt ins kalte Wasser zu springen und das Beste zu hoffen. Erstaunlicherweise war der Mann damit einverstanden und ritt wieder an.

Als Erstes mussten die beiden sozusagen auf einen Nenner gebracht werden. Ich ließ sie antraben und in der Mitte der Bahn große Zirkel anlegen, erst in einer Richtung, dann durch die Mitte der Bahn wechselnd in die andere Richtung, so dass eine große Acht entstand. Jedesmal wenn der Mann durch die Mitte der Bahn wechselte, sollte er dem Pferd so weich wie möglich die Hilfen zum fliegenden Wechsel geben, auch wenn sie immer noch im Trab waren. Zuerst kamen die Hilfen grob und aufdringlich. Er legte den äußeren Schenkel übertrieben an und zog an den Zügeln. Aber im Laufe der Zeit wurden seine Hilfen immer leichter. Es dauerte gar nicht lang und er zog nicht mehr an den

Zügeln und aus der übertriebenen Schenkelhilfe war eine leichte Gewichtsverlagerung geworden.

Als klar war, dass er bereit für den Lope war, sagte ich ihm, er solle angaloppieren, aber immer im Uhrzeigersinn reiten. Er gab weiche Hilfen zum Angaloppieren, und das Pferd galoppierte einwandfrei rechts an und ging ruhig auf den Zirkel. Ich ließ sie vier Runden galoppieren und dann zum Trab durchparieren. Der Reiter sollte weiche Hilfen zum Wechseln geben und das nächste Mal durch die Mitte der Bahn auf den anderen Zirkel wechseln. Als sie linker Hand auf dem Zirkel waren, ließ ich ihn angaloppieren, und das Pferd sprang ebenso mühelos links an. Ich ließ sie noch ein paarmal durch die Mitte der Bahn den Zirkel wechseln, wobei er jedesmal zum Trab durchparierte, die Hilfen zum Wechseln gab und danach korrekt angaloppierte.

Nach etwa fünfzehn Minuten begann sich etwas sehr Interessantes abzuzeichnen. Die beiden galoppierten rechter Hand auf dem Zirkel, und als sie durch den Mittelpunkt kamen, begann der Wallach nach links abzudriften. Der Mann richtete ihn wieder gerade und galoppierte rechter Hand weiter. Aber als sie wieder zum Mittelpunkt kamen, driftete der Wallach wieder nach links ab. Diesmal parierte der Mann ihn zum Stop durch.

„Verflucht", brüllte er. „Sehen Sie, wie er über die Schulter wegdriftet? Er zieht mich aus dem Zirkel heraus."

„Zieht er Sie aus dem Zirkel heraus", fragte ich, „oder macht er was anderes?"

„Was meinen Sie damit?"

„Na ja", sagte ich. „Wir haben ihn die ganze Zeit auf einen fliegenden Wechsel vorbereitet. Vielleicht versucht er uns zu sagen, dass er jetzt dazu bereit ist."

„Soll das heißen, dass er über die Schulter weggeht, weil er uns sagen will, dass er einen fliegenden Wechsel machen kann?"

„Ich weiß es nicht", antwortete ich. „Aber vielleicht finden wir es heraus, wenn wir es ihn versuchen lassen."

Es war klar, dass der Mann alles andere als überzeugt war. Ehrlich gesagt: ich auch nicht. Aber es kam mir einigermaßen seltsam vor, dass ein Pferd, das ganz gemütlich in einer Richtung galoppierte, plötzlich ohne ersichtlichen Grund in die andere Richtung ziehen sollte. Es ergab keinen Sinn.

Also ritt der Mann wieder an und machte die ganze Übung noch einmal. Nach ein paar Minuten war er wieder im Galopp und ritt rechter Hand auf dem Zirkel. Nach etwa drei Runden begann der Wallach in die andere Richtung zu ziehen, als sie durch den Mittelpunkt kamen. Der Mann stellte ihn ruhig nach links um und der Wallach wechselte einfach so in den Linksgalopp. Sie ritten einmal herum, und als sie durch die Mitte kamen, lehnte sich der Mann leicht nach rechts und das Pferd wechselte fliegend in den Rechtsgalopp.

Das Interessante daran war, dass das Pferd nicht nur versucht hatte, es seinem Reiter recht zu machen, sondern dass er uns auch zu sagen versucht hatte, dass er verstanden hatte, was wir wollten. Nicht nur das, er hatte uns sogar zu sagen versucht, wann genau er dazu bereit war! Hätten wir sein Ziehen in die Gegenrichtung nur als „über die Schulter gehen" betrachtet, hätten wir seine ganze Mühe, uns das alles mitzuteilen, schlicht verpasst.

Wie ich schon sagte, haben viele Menschen gelernt, immer nur auf die Fehler ihres Pferdes zu achten, und tun sich deshalb sehr schwer, die guten Seiten ihres Pferdes zu finden. Das Problem bei dieser Haltung den Pferden gegenüber ist, dass selbst wenn unser Pferd sein Bestes tut und sich bemüht, alles richtig zu machen, wir es vielleicht nie erkennen. Weil wir ständig auf das große Ereignis warten (den einwandfreien fliegenden Wechsel, den fließenden

Übergang, den Sliding Stop), übersehen wir oft den wichtigsten Teil – den Versuch, der uns sagt, dass unser Pferd anfängt zu verstehen, was wir wollen. Pferde sind so sensible Tiere, dass schon ein Zucken mit dem Ohr, das Nachgeben mit dem Unterkiefer, das Zucken eines Muskels für sie etwas bedeuten. Sehr oft sind diese einfachen kleinen Dinge gerade die Basis für die großen, auf die wir warten, aber weil wir genau an ihnen vorbeisehen, merken wir nicht einmal, dass sie da sind. Die Folge ist, dass unsere Pferde oft von uns frustriert sind, dass wir von unseren Pferden frustriert sind und das gegenseitige Vertrauen Schaden nimmt.

Mir scheint, wenn wir auf diese kleinen Versuche achten, sie bemerken und anerkennen, öffnen wir eine ganz neue Tür zur Kommunikation, die schließlich dazu beitragen wird, dass unsere Pferde uns als verantwortungsbewusste, faire und zuverlässige Führer betrachten.

Vermutlich ist das überhaupt alles, was sie von uns verlangen würden, wenn sie es sagen könnten.

VERTRAUEN LERNEN ALS LEBENSLANGE AUFGABE

Mit dem Vertrauen ist das eine komische Sache. Wir alle möchten, dass man uns vertraut und sind oft sogar beleidigt, wenn jemand auch nur andeutet, er habe kein Vertrauen zu uns – selbst wenn wir ihn gerade erst kennen gelernt haben. Andererseits finden wir es völlig in Ordnung, anderen nicht so ohne weiteres zu vertrauen. Jawohl, bevor wir jemand vertrauen, muss derjenige erst beweisen, dass er unser Vertrauen auch verdient. Unser Vertrauen ist nicht ohne Vorleistung zu haben, so viel ist sicher.

Das hat mit unserer misstrauischen Natur zu tun. Die meisten Leute sind in dieser Hinsicht ein bisschen komisch. Nicht dass daran etwas schlecht wäre, ganz gewiss nicht. Ich vermute, es ist sogar das, was unserer Spezies zum Überleben und Gedeihen verholfen hat. Trotzdem ist es ein interessantes Dilemma – für andere vertrauenswürdig sein, selbst aber nicht unbedingt vertrauen wollen.

Bringen wir nun ein Pferd in die Gleichung. Die meisten von uns streben mit ihrem Pferd eine Beziehung an, die auf Vertrauen gegründet ist. Theoretisch möchten wir unserem Pferd vertrauen und wir möchten, dass das Pferd uns vertraut. In Wirklichkeit besteht aber meistens eine Art Einbahn-Verhältnis. Mit anderen Worten, wir vertrauen darauf, dass unser Pferd uns vertraut, aber wir vertrauen nicht unbedingt unserem Pferd.

Sogar bei meinem Pferd Buck – von dem ich *geglaubt* hatte, ich würde ihm mein Leben anvertrauen – stellte ich fest, dass ich, als er mein Vertrauen gebraucht hätte, mich gegen ihn stellte und meinem eigenen Urteil mehr vertraute als ihm.

Das passierte vor einigen Jahren. Ein junges Pferd war zur Ausbildung gekommen und in einen der Corrals unten neben der Zufahrt gebracht worden. Es war ein hübscher brauner Wallach, aber er kam mit einer Hypothek. Genau gesagt war er schlecht behandelt worden und hatte die Menschen ziemlich gründlich satt. Er ließ sich kaum einfangen und vertrug sich auch nicht richtig mit den anderen Pferden. Der Corral hatte ein Tor zur Zufahrt hin, nahe dem alten blauen Anhänger, mit dem wir den Mist wegbrachten.

Nachdem er untergebracht war, beschlossen wir, ihn ein paar Tage in Ruhe zu lassen, bevor wir etwas von ihm verlangten. Das machten wir routinemäßig sowieso in den meisten Fällen, aber bei diesem kleinen Burschen mit seinem angeschlagenen Seelenzustand schien es besonders wichtig zu sein. Nachdem ich ihn mit Futter und Wasser versorgt hatte, fand ich, der Tag wäre noch ziemlich jung und sattelte meinen alten Buck zu einem Ausritt.

Wir waren noch nicht lange unterwegs, als das Wetter umschlug. Es sah bedrohlich nach Regen aus, und so drehte ich nach etwa einer Stunde um und ritt wieder Richtung Heimat. Als wir die Zufahrt hochritten, fiel mir auf, dass der Corral, in dem der Neuankömmling gewesen war, schrecklich leer aussah. Und nicht nur das: Das Tor stand außerdem halb offen. Das kam mir komisch vor, denn ich erinnerte mich genau, dass ich es nach dem Füttern geschlossen und den Riegel vorgeschoben hatte. Ich erinnerte mich auch, dass ich einen Blick auf das Tor geworfen hatte, als ich mit Buck daran vorbeiritt, und ich war sicher, dass das Tor zu und verriegelt gewesen war.

Als wir näher kamen, entdeckte ich im Corral meinen kleinen Sohn Tyler, der damals vier Jahre alt war, mit einer Schaufel. Nun war Tyler selbst in diesem zarten Alter ein höchst gewissenhafter kleiner Bursche und half überall mit, wo er dachte, er könnte sich nützlich machen. Eine seiner

absoluten Lieblingsbeschäftigungen war das Ausmisten, was wir jeden Morgen zusammen erledigten. An diesem bestimmten Morgen aber hatte Tyler verschlafen. Ich war schon weg, als er aufwachte, und hatte die Boxen und Corrals allein ausgemistet. Es versteht sich, dass er nicht gerade glücklich darüber war, das tägliche Ritual verpasst zu haben.

Nachdem ich schon weg war, bemerkte er, dass im Corral mit dem neuen Pferd ein wenig Mist lag. Hatte er schon das morgendliche Ausmisten verpasst, so wollte er wenigstens diesen Corral ausmisten, damit er schön sauber war, wenn ich wiederkam. Leider ließ er in seiner Begeisterung versehentlich das Tor offen und der neue Wallach suchte prompt das Weite.

Als ich mit Buck nach Hause kam, war der Wallach schon lange weg. Ich bedankte mich bei Tyler für das Ausmisten und bemerkte, vielleicht könnte er nächstes Mal auch das Tor hinter sich schließen. Dann packte ich ein Halfter, Führstrick und Lasso, kletterte wieder auf Buck und ritt los, um den Wallach zu suchen.

Wir entdeckten schnell seine Hufspuren neben der Straße und folgten ihnen bis zu einem großen Feld etwa eine Meile die Straße hinunter. Früher einmal war es einfach eine große offene Fläche am Fuß der Berge gewesen, aber neuerdings wurden dort immer mehr Häuser gebaut. Buck sah den Wallach zuerst. Als wir ins Gras hineinritten, spitzte er plötzlich die Ohren und sah zu einer Baumgruppe am anderen Ende des Feldes hinüber. Weit weg war ein kleiner brauner Fleck, der für mich wie ein Erdhaufen aussah, aber Buck wusste es besser.

Wir ritten auf den Fleck zu und es dauerte nicht lang, bis er die Umrisse eines Pferdes annahm und ich wusste, dass Buck Recht gehabt hatte. Wir waren vielleicht noch hundert Meter entfernt, als uns der Wallach bemerkte. Sein Kopf fuhr aus dem Gras hoch und er kam zu uns hergetrabt, um sich zu informieren. Er und Buck beschnüffelten sich kurz, dann machte er kehrt, trabte ein Stück weg und hielt an, als ob er sagen wollte: *Na schön, kommt her und fangt mich, damit wir nach Hause können.*

Der Wallach war ein bisschen nervös, schien aber nicht die Absicht zu haben, sich allzu weit von Buck zu entfernen. Deshalb saß ich ab und ging, Buck im Schlepptau, auf ihn zu. Kaum aber stand ich auf dem Boden, als der Wallach noch nervöser wurde und plötzlich auf und davon trabte. Ich saß wieder auf und ritt ihm nach, wobei ich darauf achtete, es nicht so aussehen zu lassen, als ob wir Jagd auf ihn machten. Wir ritten einfach irgendwie in dieselbe Richtung, in die auch er sich bewegte. Wir hielten an, wenn er anhielt, und setzten uns in Bewegung, wenn er sich bewegte, aber ansonsten bemühten wir uns, keine Eile zu zeigen. Nach ungefähr einer halben Stunde waren wir allmählich bis auf wenige Meter an ihn herangekommen. Diesmal blieb ich im Sattel und ritt Buck seitwärts an ihn heran. Ich wählte den Seitwärtsgang, weil ich dachte, er würde uns so weniger bedrohlich finden als direkt von vorn. Es schien zu funktionieren, denn er machte keine Anstalten wegzulaufen, während wir uns jeweils in kurzen Seitwärtsschritten näherschoben.

Endlich standen wir direkt neben ihm, aber ich ließ mir noch einmal viel Zeit, bis ich mich langsam vorbeugte und ihm den Hals klopfte, damit er verstand, dass er dableiben sollte. Er war auch ganz schön entspannt, und ich dachte, der Augenblick wäre gekommen, ihm das Halfter überzustreifen. Vorsichtig nahm ich das Halfter, das ich über das Sattelhorn gehängt hatte, und rieb ihm damit über den Nacken. Es schien ihm nichts auszumachen, also öffnete ich die Schnalle am Halfter, um es ihm überstreifen zu können, und beugte mich im Sattel vor. In diesem Augenblick flog die Hintertür eines Hauses in der Nähe auf und heraus kamen eine Mutter und zwei kleine Kinder.

„Hallo, Sie da!", rief sie mit lauter, freundlicher Stimme. „Dürfen wir Ihre Pferde streicheln?"

Na ja, dieser plötzliche Ausbruch von Aktivität war mehr, als der Wallach aushalten konnte. Die Frau hatte ihre Frage noch nicht ganz beendet, als er auch schon vorwärts schoss und mit Höchstgeschwindigkeit in Richtung Berge davonlief. Genau an diesem Punkt – während wir das Pferd einen langen Pfad zum Gipfel des Berges hoch entschwinden sahen – dachte ich mir, dass uns vielleicht doch noch ein reichlich langer Nachmittag bevorstünde.

Während ich die dünne Bergluft in meine Lungen hinein- und wieder herauspresste, war mein einziger Gedanke, dass dieser Berg doch erheblich steiler war, als er aussah. Der Pfad war sehr steinig und ziemlich ausgewaschen und folgte mehr oder weniger einer Stromleitung, was höchstwahrscheinlich der einzige Grund gewesen war, warum jemand hier überhaupt einen Weg angelegt hatte. Ich war im Sattel geblieben, so lange ich es verantworten konnte, aber etwa auf halber Höhe beschloss ich abzusitzen. Es war einfach zu verflucht steil, als dass Buck mich die ganze Zeit hätte tragen können.

Wir waren noch längst nicht ganz oben, als wir den Wallach entdeckten, der im hohen Gras ein Stückchen rechts neben dem Pfad stand und es sich schmecken ließ. Wir waren schon ein- oder zweimal ziemlich nahe an ihm dran gewesen, aber jedesmal war er davongelaufen, weiter den Berg hoch. Als wir uns diesmal näherten, machte er kehrt und verschwand im Trab über den Gipfel und aus unseren Augen.

Buck und ich erreichten schließlich ebenfalls den Gipfel und nach einer kurzen Verschnaufpause saß ich auf und wir ritten den Pfad auf der anderen Seite des Berges hinunter. Zu unserem Glück führte der Weg nicht steil nach unten, sondern verlief in Schlangenlinien um Büsche und Felsen einen sanften Abhang hinunter. Dieser Pfad gehörte zu einem Wegenetz, das von einer Reitschule am Fuße des Berges für Trailritte genutzt wurde. Ich hielt das für unser Glück, denn ich wusste, dass der Pfad genau in den Reitstall führte, wo genügend Personal zugange sein würde. Irgendjemand würde sicher mein freilaufendes Pferd einfangen und festhalten, bis es jemand holen kam. Ich dachte schon, Buck und ich hätten es geschafft und würden zum Abendessen wieder zu Hause sein.

Nachdem wir ungefähr eine Viertelstunde abwärts geritten waren, kamen wir zu einem Punkt, mit dem ich nicht gerechnet hatte. Genau vor uns gabelte sich der Pfad in zwei Richtungen. Der eine Weg führte nach rechts den Berg wieder hinauf, der andere nach links den Berg hinunter. Erst war ich mir im Unklaren darüber, welchen Weg wir einschlagen sollten, aber dann war ich mir mehr als sicher, welche Richtung unser kleines Pferd gewählt hatte.

Der Weg nach rechts sah wenig begangen aus und führte sofort steil nach oben. Ich konnte kein Anzeichen dafür entdecken, dass unser Pferd hier entlanggegangen war – keine Hufspuren, kein Mist oder dergleichen. Der Weg nach links wurde sichtlich viel genutzt und führte weiter sanft den Abhang hinunter. Es waren auch Hufspuren und frischer Mist zu sehen, die aussahen, als könnten sie nur wenige Minuten alt sein. Was mich betraf, war die Sache klar – wir mussten nach links.

Buck allerdings war anderer Ansicht. Kaum hatten wir die Gabelung erreicht, als er auch schon nach rechts abwendete und anfing, den Berg wieder hinaufzuklettern. Überrascht hielt ich ihn an, und da der Weg zu eng zum Umdrehen war, wollte ich ihn rückwärts wieder hinunterdirigieren. Verblüffenderweise widersetzte er sich. Es sah Buck gar nicht ähnlich, sich zu weigern, und ich hätte eigentlich schon in diesem Augenblick wissen müssen, dass er seine Gründe hatte. Ich ging aber darüber hinweg und forderte ihn weiter auf zurückzutreten. Er weigerte sich, blieb wie angewurzelt stehen und legte sich aufs Gebiss. Ich ließ ihn leicht mit dem Kopf nicken und gab wieder die Hilfen zum Rückwärtstreten. Er weigerte sich.

„Nun komm schon, Buck", hörte ich mich sagen. „Wir vergeuden hier unsere Zeit."

Buck schnaubte einmal laut und schüttelte den Kopf, als würde er langsam ganz schön ungeduldig mit mir. Ich schob es darauf, dass er von den zweieinhalb Stunden, die wir bereits mit der Verfolgung verbracht hatten, vielleicht etwas müde war. Er schnaubte noch lauter, schüttelte noch einmal trotzig den Kopf und ging widerwillig rückwärts den Berg hinunter.

Ich wendete ihn nach links und trieb ihn vorwärts. Er sträubte sich, alle Aufmerksamkeit nach rechts gerichtet, und sandte ein lautes Wiehern den Berg hoch.

„Ich sag's dir, Buck", versicherte ich ihm. „Er ist auf gar keinen Fall da hochgelaufen."

Buck schlug drei–, viermal mit dem Vorderfuß auf den Boden, schnaubte und schüttelte den Kopf. Ich ließ ihm sein bisschen Theater und trieb ihn weiter den Berg hinunter. Er gab nach, aber erst nach einem aus tiefster Seele kommenden Schnauben und einem letzten Kopfschütteln. Er trug mich den Berg hinunter, aber es war vom ersten Schritt an klar, dass er nicht glücklich darüber war. Er setzte den ganzen Weg hinunter die Hufe auf, als hätte er mit dem Boden eine Rechnung zu begleichen, und sein gelegentliches Schnauben und Kopfschütteln zeigten, dass er mit meiner Entscheidung alles andere als einverstanden war.

Es machte nichts, denn ich war so sicher wie nur etwas, dass wir den Wallach am Fuß des Berges antreffen würden, eingefangen und auf den Abtransport wartend. Sie können sich meine Überraschung vorstellen, als wir eine Dreiviertelstunde später auf den Parkplatz des Reitstalls ritten und der Wallach nirgends zu sehen war.

Ich ließ Buck am Trog trinken, band ihn an einem Anbindebalken an, ging ins Büro und fragte nach dem Wallach. Niemand hatte ihn gesehen. Der letzte Trailritt des

Tages war sogar eben erst hereingekommen. Sie waren denselben Weg hinuntergeritten, den wir gekommen waren, und sie hatten nicht die Spur eines Pferdes gesehen.

Ich steckte in der Klemme. Die Sonne ging bald unter, was eine weitere Suche in den Bergen so gut wie unmöglich machte, und Buck war ziemlich erschöpft. Den Weg bis zu der Gabelung, an der Buck nach rechts gewollt hatte, wieder hinaufzureiten, kam nicht in Frage. Dazu war er zu müde, und wenn ich ihn hinaufführte, würden wir fast eineinhalb Stunden nur bis zur Abzweigung brauchen. Ich wollte mir eines der Trailpferde leihen und damit weitersuchen, aber es war Hauptsaison und alle Pferde waren den ganzen Tag im Einsatz gewesen und rechtschaffen müde. Ich war ziemlich verzweifelt, hinterließ aber meinen Namen beim Manager, der versprach, dass das Personal über Nacht Ausschau nach dem Wallach halten würde. Wenn er noch da oben in den Bergen war, würde er wahrscheinlich einen Pfad finden und ihm sowieso abwärts zum Reitstall folgen.

Das war alles, was ich tun konnte. Ich saß auf und ritt niedergeschlagen hinaus auf die Straße und in Richtung Heimat. Die Straße machte ein paar Schleifen und traf dann auf eine andere, die uns direkt nach Hause zurückführen würde.

Wir waren nur noch ein paar hundert Meter von zu Hause entfernt und die Sonne ging gerade unter, als Buck die Ohren spitzte und seine Aufmerksamkeit auf den Berg richtete, auf dem wir die letzten viereinhalb Stunden verbracht hatten. Wir hatten unseren Aufstieg auf der östlichen Seite begonnen, waren einen Kamm hinaufgeklettert, der die östlichen und westlichen Hänge verband, waren die Westseite hinuntergeritten und hatten uns nach Norden gewandt, wo der Reitstall lag. Schließlich waren wir weiter nach Nordosten geritten, wo wir jetzt standen.

Ich blickte über eine Weide, die auf drei Seiten eingezäunt war, und zu meiner großen Überraschung sah ich dort, neben etwas, das aussah wie eine vergessene Trailausgangsstation, bedeckt mit morschen Ästen und dürrem Gestrüpp, den Wallach stehen. Er sah überhaupt nicht mitgenommen aus und graste friedlich, als ob ihm das alles gehörte.

Buck rief ihn laut, schnaubte und schüttelte so heftig den Kopf wie während unserer Diskussion über den richtigen Weg. Der Wallach hörte ihn und antwortete. Er kam auf uns zu, zuerst im Schritt, dann im Trab und schließlich im Galopp. Nicht lange und er hielt vor Buck an, als ob er fragen wollte: *Hey, wo warst du?*

Wie vor Stunden ritt ich Buck seitwärts an ihn heran und zog das Halfter vom Sattelhorn. Wir konnten dicht heranreiten, und diesmal ließ er sich das Halfter überstreifen und verschnallen, als ob er die ganze Zeit nur darauf gewartet hätte. Vermutlich reichte dem Wallach die Aufregung für einen Tag ebenfalls. Damit war die Zerreißprobe beendet und wir drei waren bald auf dem Heimweg, während die Dunkelheit den Berg zu verschlucken begann.

Am nächsten Tag sattelte ich Buck und ritt zu der Stelle hinüber, wo Buck die Nacht zuvor den Wallach neben der verborgenen Trailstation entdeckt hatte. Sie befand sich auf Privatgelände, was einer der Gründe dafür war, warum ich den Pfad nie benutzt hatte. Ich bat um Erlaubnis zum Durchreiten und erhielt sie auch. Es war nicht ganz einfach, aber schließlich kamen wir auf den Pfad und folgten ihm zurück über die Flanke des Berges. Er führte eine halbe Meile allmählich aufwärts, über eine offene Wiese, dann in einer Schleife durch den Wald nach Nordwesten und traf schließlich auf den Weg, dem wir am Vortag gefolgt waren, und zwar an der Gabelung, an der Buck und ich unsere Auseinandersetzung gehabt hatten. Es war nicht einmal eine Meile bis zu der Stelle, an der wir die Nacht zuvor den Wallach eingefangen hatten. Wir brauchten knapp dreißig

Minuten vom Pfadanfang bis zur Gabelung – aber ich werde es ein Leben lang nicht vergessen.

Alles, was ich tun konnte, war, den Kopf zu schütteln und ihm den Hals zu streicheln in einem schwachen Versuch, mich bei ihm dafür zu entschuldigen, dass ich nicht auf ihn gehört hatte – als ich, wie wir beide wussten, hätte auf ihn hören sollen. Weil ich nicht bereit gewesen war, Buck zu vertrauen, als es darauf ankam, setzte ich uns beide ganz unnötigen Anstrengungen aus, ganz zu schweigen von vergeudeten zwei Stunden Tageslicht und dem Risiko für den Wallach, weil wir ihn nicht früher gefunden hatten. Hätte ich nur darauf vertraut, dass Buck wusste, was er tat, als er den oberen Pfad nehmen wollte, hätte ich uns dies alles ersparen können.

Leider sind wir Menschen einfach nicht auf diese Denkweise programmiert. Wir sind darauf programmiert, uns für klüger als unsere Pferde und unsere Entscheidungen *immer* für richtig zu halten – für uns beide. In den letzten Jahren bin ich darauf gekommen, dass es in unserer Beziehung zu den Pferden vielleicht so eine Art Geben und Nehmen geben müsste, damit sie uns wirklich als Führer anerkennen. Mit anderen Worten, vielleicht sollten wir ihnen von Zeit zu Zeit eine halbe Chance geben und ihnen zeigen, dass wir ihrem Urteil in bestimmten Situationen tatsächlich vertrauen können. Wenigstens können wir ihnen zu verstehen geben, dass wir bereit sind, ihnen den halben Weg entgegenzukommen – selbst in Situationen, in denen ihr Urteil möglicherweise doch etwas zu wünschen übrig lässt.

Langsam fing ich an, mir Sorgen zu machen. Ich hatte drei Wochen mit der Stute gearbeitet, und insgesamt gesehen lief alles prima. Aber eine kleine Macke hatte sie, die ich nicht loswurde, so viel ich auch mit ihr arbeitete: wenn wir außen um die Bahn ritten, kam es immer wieder vor, dass sie aus unerfindlichen Gründen abrupt in die Mitte der Bahn zog.

Es war kein großer Kampf, kein heftiges Ziehen. Es war mehr wie eine Bitte. Wir gingen ganz friedlich und gemütlich unsere Runden, und plötzlich fing sie an, nach innen zu drücken, erst mit der inneren Schulter und zum Schluss mit Kopfstellung nach innen. Jedesmal richtete ich ihre Nase wieder in Richtung Bande, aber das schien nichts zu nützen. Nach einer Weile legte ich dann den inneren Schenkel vermehrt an, um sie wieder nach außen zu treiben, und allmählich ging sie auch zum Hufschlag zurück. Aber sie blieb nicht dort. Schon nach einer halben Runde fing sie meist wieder an, nach innen zu drücken und das Ganze begann von vorn.

Nach drei Wochen waren wir noch keinen Schritt weiter. Ich ließ sie auf körperliche Behinderungen untersuchen, auf Zahn- und Hufprobleme, untersuchte die Passform des Sattels – alles war in Ordnung. Ich strengte mich ungeheuer an, sie sehr bewusst zu reiten, um nicht unbemerkt durch meinen Sitz Veranlassung dazu zu geben, dass sie nach innen drückte. Das schien es auch nicht zu sein. Nach mehreren Wochen des Grübelns und Untersuchens kam ich zu dem Schluss, dass sie von der Bande wegdrückte, weil sie eine Meinung äußern wollte. Sie wollte nicht an der Bande entlanggehen.

Wir standen vor einer Sackgasse. Für bestimmte Teile der Arbeit musste ich sie an der Bande haben, und da wollte sie nicht hin. Was konnte ich machen? Ich konnte sie ohne große Mühe zwingen, außen zu bleiben, aber wenn ich das tat, wo blieb dann das Vertrauen? Ich wollte, dass sie aus freiem Willen auf dem Hufschlag blieb, nicht weil ich ihr keine andere Wahl ließ. Aber ich wollte dies auch mit so wenig Stress wie möglich für uns beide erreichen und ohne dass sie sich zu ihrer Entscheidung gezwungen fühlte.

Ich grübelte viel darüber nach und versuchte einen Weg zu finden, der einfach in der Ausführung und für die Stute trotzdem so eindrucksvoll war, dass sie mir zuliebe freiwillig am Zaun blieb. Die Idee, die mir schließlich kam, hatte wenig zu tun mit einer bestimmten Trainingstechnik, sondern vielmehr damit, im Zweifelsfall der Stute ihren Willen zu lassen und ihren Drang nach innen zu meinem Vorteil zu nutzen.

Ich probierte es aus, als wir etwa eine Viertelstunde gearbeitet hatten. Wir waren im Schritt, Trab und Galopp jeweils ein paar Runden gegangen, als sie wieder anfing, sich von der Bande zu entfernen. Wie üblich führte ich sie sacht zum Hufschlag zurück, indem ich ihre Nase nach außen richtete. Sie legte sich aufs Gebiss und drückte stärker nach innen. Normalerweise hätte ich jetzt den inneren Schenkel angelegt, um sie nach außen zu treiben, aber diesmal tat ich das nicht.

Stattdessen ließ ich ihr ihren Willen. Ich gab mit dem äußeren Zügel nach und sie drehte den Kopf nach innen, bis ihr ganzer Körper von der Bande wegzeigte. Als sie anfing, den Kopf zu wenden, nahm ich jedoch den inneren Zügel an, stellte sie nach innen und ließ sie antraben, so dass sie einen großen Zirkel von der Bande weg beschrieb. Wir vollendeten den Zirkel und kamen fast an derselben Stelle zum Hufschlag zurück, an der wir begonnen hatten. Ich richtete sie wieder gerade, parierte zum Schritt durch und ritt weiter an der Bande entlang.

Zuerst waren wir wohl beide ein bisschen verblüfft. Es hatte nur wenige Sekunden gedauert, aber in dieser Zeit hatten wir beide genau das getan, was wir tun wollten: sie war nach innen gegangen und ich zurück an die Bande.

Wir legten fast die gesamte Länge der Bahn zurück, bevor sie wieder nach innen wollte. Ich richtete ihre Nase nach außen und versuchte sie auf dem Hufschlag zu halten und sie drückte nach innen. Also wiederholten wir die Prozedur. Ich gab außen nach, sie wendete nach innen ab, ich stellte sie nach innen und ließ sie antraben. Wir gingen auf einen Zirkel und waren nach ein paar Sekunden zurück auf dem Hufschlag. Ich parierte durch zum Schritt, stellte sie gerade und ritt auf dem Hufschlag weiter.

Ich glaube, wir waren beide wieder verblüfft davon, wie einfach das alles vor sich gegangen war. Kein Hin und Her, kein Gezerre und vor allem: kein Kampf. Diesmal ritten wir eine ganze Runde auf dem Hufschlag entlang, bevor sie wieder nach innen wollte. Ich stellte sie nach außen, sie zog nach innen, und wir wiederholten das Ganze und kamen wieder auf den Hufschlag zurück. Nach eineinhalb Runden wollte sie wieder nach innen, aber diesmal brauchte ich sie nur nach außen zu stellen, um sie in aller Ruhe davon zu überzeugen, auf dem Hufschlag zu bleiben. An diesem Tag versuchte sie kein weiteres Mal, sich vom Hufschlag zu entfernen.

Die nächsten zwei oder drei Tage drückte sie ab und zu wieder nach innen. Jedesmal stellte ich sie nach außen, um sie auf dem Hufschlag zu halten, und fast jedesmal gab sie nach. Die paar Mal, bei denen sie sich darauf versteifte, nach innen abzuwenden, ließ ich ihr ihren Willen, aber – Sie haben es erraten – wir waren schnell wieder zurück auf dem Hufschlag.

Am interessantesten daran finde ich, dass sie während der ganzen Zeit, in der wir daran arbeiteten, nicht einmal mit mir kämpfte und nie widersetzlich oder böswillig wurde. Sie blieb immer ruhig und willig. Auch wenn ich sie im Trab auf den Zirkel gehen ließ, führte sie dies gewöhnlich ohne Zögern aus. Ich bin nicht ganz sicher, worauf ihre Passivität beruhte, aber ich habe ein paar Ideen dazu.

Meine ganze Laufbahn mit Pferden hindurch ist eines, was der alte Mann mir beibrachte, gleich geblieben: wenn ich bereit war, mit einem Pferd zu kämpfen, war das Pferd fast immer dazu bereit, gegen mich zu kämpfen. Das Dumme an dieser Kämpferei war, dass es dabei immer ein paar Probleme gab. Erstens endete jeder Kampf mit einem Pferd damit, dass er für das Pferd schlussendlich ohne Bedeutung blieb. Und zweitens schien jedesmal, wenn ich mich mit einem Pferd anlegte, jegliches Vertrauen des Pferdes zu mir flöten zu gehen. Gewöhnlich brauchte ich danach eine ganze Weile, um mich für das Pferd wieder als vertrauenswürdig zu erweisen.

Dieser Stute ließ ich einfach ihren Willen. Sie wollte von der Bande weg. Aber dann kam mein Wille ins Spiel und der besagte, dass ich sie so schnell wie möglich zurück auf dem Hufschlag haben wollte. Ich glaube wirklich, dass sie keinen Grund fand, mit mir zu streiten oder zu kämpfen, weil ich ihr anfangs erlaubte, „ihren Kopf durchzusetzen" (mir fällt kein besserer Ausdruck ein). Im Prinzip sagte ich, wenn sie von der Bande weg wollte: *Klar doch, gehen wir.* Damit war die Situation von vornherein entschärft. Da ich bereit war, ihr auf halbem Weg entgegenzukommen, war es für sie einfacher, auf Dauer meinem Wunsch zu entsprechen. Über drei Tage verteilt dauerte es weniger als eineinhalb Stunden, bis sie aufhörte, nach innen zu drücken.

Was ich der Stute zu zeigen versuchte, war, dass ich nicht unbedingt von ihr als dominantes Mitglied der Herde anerkannt werden wollte, sondern bereit war, mir ihre Meinung anzuhören. Gleichzeitig erklärte ich ihr, *ja,* wir konnten das tun, was sie wollte, *aber sieh mal, wie viel Arbeit wir beide davon haben.* Jedesmal wenn sie von der Bande wegdrückte, mussten wir diese ganze Extrastrecke zurücklegen und kamen doch zum Schluss wieder an der Bande an. Auf diese Art und Weise zeigte ich ihr, dass ich – wenn es meine Entscheidung wäre – auf dem Hufschlag bleiben und die Extraanstrengung vermeiden würde. Und ihre Antwort war schließlich: *Vielleicht wäre es wirklich das Beste.*

Wenn ich darüber spreche, dass man dem Pferd während des Trainings ein wenig Mitspracherecht einräumen sollte, bekomme ich von den Leuten meistens die gleiche Reaktion. Es beginnt damit, dass ihre Augen irgendwie gläsern werden, dann folgt ein kollektives Luftschnappen, das in dem einmütigen Chor gipfelt: *Das können Sie nicht machen!*

Diese Leute sind noch in dem alten Gedanken verhaftet, dass das Pferd, wenn man ihm den kleinen Finger reicht, gleich die ganze Hand nimmt. Sie werden sagen, dass einem Pferd seinen Willen zu lassen der schnellste Weg ist, es zu verziehen und ihm den Respekt vor dem Menschen zu nehmen. Und wenn das erst einmal passiert ist, hat man mit ganz neuen Problemen zu kämpfen.

Wir müssen hier etwas langsam tun und der Sache auf den Grund gehen, denn ich bin mit Sicherheit nicht dafür, dass das Pferd das Sagen hat. Ganz und gar nicht. Ich sage nur, dass es Zeiten gibt, in denen es für uns (und für das Pferd) von Vorteil ist, wenn es seine Meinung äußern darf, und sei es nur aus dem Grund, dass die Sache dann endlich „gegessen" ist.

Sehen Sie, manchmal verbeißen wir uns derartig in eine bestimmte Aufgabe, dass wir darüber das Pferd aus den Augen verlieren. Das Pferd hat ein bisschen Mühe zu verstehen, was geschieht oder was von ihm verlangt wird, und fühlt sich deshalb frustriert. Ist es erst einmal frustriert, kann es Angst bekommen oder glauben, sich verteidigen zu müssen, was wir möglicherweise dahingehend missverstehen, dass es nicht einmal einen Versuch unternimmt. Unsere Reaktionen darauf können verschieden aussehen. Die Üblichste ist eine Art „keinen Blödsinn"-Mentalität, die Haltung „wenn ich etwas sage, tust du es – und zwar SOFORT!" Das eskaliert oft zu einer Situation, die eigentlich keiner gewollt hat. Da bei dieser Art von Auseinandersetzung der Reiter oft in irgendeiner Weise handgreiflich wird, bekommt das Vertrauen des Pferdes in das Urteilsvermögen des Reiters einen Knacks und ihre Beziehung geht kaputt.

Ich sage nicht, dass wir uns nicht auf unsere Aufgabe konzentrieren sollten, auch nicht, dass wir uns mit unseren Pferden keine Ziele setzen sollten. Ganz im Gegenteil, ich bin sogar der Meinung, dass diese Dinge sehr wichtig sind, wenn eine gute, gesunde Beziehung zwischen Mensch und Pferd entstehen soll. Ich glaube aber auch nicht, dass die Aufgabe oder das Ziel alleiniger Sinn und Zweck einer Trainingsstunde werden dürfen. Wenn es nicht gut läuft, ist es vielleicht an der Zeit, auf das zu hören, was das Pferd uns zu sagen versucht. Könnte sein, dass es die Antwort weiß auf die Frage, warum es nicht läuft, und wenn wir ihm eine halbe Chance geben, sagt es sie uns vielleicht.

Ich habe so viele Pferde gesehen, die völlig an den Menschen verzweifelt sind, einfach weil die Menschen um sie herum keinen Versuch machten, ihnen zuzuhören, als sie sie am meisten gebraucht hätten.

Es war vor ein paar Jahren. Ich hatte gerade einen Job als Leiter des Pferdebereichs auf einer Gäste-Ranch angetreten. Das Pferdeprogramm war früher nicht glatt gelaufen, aber das Personal und ich hatten vor Beginn der Saison hart daran gearbeitet, alles auf Vordermann zu bringen. Als im Frühjahr die ersten Gäste kamen, hatten wir das Gefühl, gute Arbeit geleistet zu haben.

Ein paar Pferde hatten wir allerdings dabei, die nicht ins Programm passen wollten. Sie waren extrem ängstlich und schienen ihre Angst auch im Laufe der Zeit nicht zu verlieren. Eines war ein Wallach namens Bud, das andere eine Stute namens Missy. Beide waren sehr gutmütig und wir hatten das Gefühl, dass sie es wert waren, ein wenig Arbeit in sie zu stecken. Sie waren unter der Leitung meines Vorgängers ziemlich hart angefasst worden, hatten wenig Vertrauen zu Menschen und waren nicht gerade scharf darauf, geritten zu werden.

Es war schwierig, die ganze Geschichte, was mit diesen Pferden passiert war und warum sie so wenig Vertrauen zu Menschen hatten, aus irgendjemand herauszubringen, aber im Verlauf der Monate ergaben die Puzzleteile schließlich ein Bild. Bud war von meinem Vorgänger mit zwei Jahren eingeritten worden und hatte die nächsten drei Jahre als Führpferd gedient. Da er sehr schnell war und es Spaß machte, ihn zu reiten, ging er fast ausschließlich unter

„Fortgeschrittenen", was bedeutete, dass er von dem Moment an, wenn jemand auf seinen Rücken kletterte, bis zu dem Moment, wo er wieder absaß, nur laufen sollte. Infolgedessen hatte er keine Ahnung, wie man unter dem Reiter Schritt ging. Wenn jemand aufsaß, fing er sofort an zu zackeln, und wenn er vorwärts gehen sollte, tat er das im Galopp.

Während der Saison, bevor ich auf die Ranch kam, hatte der Manager beschlossen, dass Bud endlich lernen musste, Schritt zu gehen, und so hatte man einiges mit ihm unternommen, um ihn langsamer zu machen. Zuerst hatte man ihn ausgebunden. Dann hatte man ihm eine sehr scharfe Kandare mit hoher Zungenfreiheit und Kinnkette verpasst. Anscheinend hatten die Eisenwaren ihn auch tatsächlich gebremst, aber nicht so, wie es gedacht gewesen war. Er ging immer noch überallhin im Galopp, aber im Schritttempo! Der Kopf war ihm auf die Brust gezogen, sein Nacken war innerhalb von fünf Minuten schweißbedeckt und sein Atem ging so schwer, dass er klang wie ein Güterzug. Jeder, der ihn ritt, hielt die Zügel schön stramm, sodass der Druck auf das Gebiss für Bud nie leichter wurde. Richtig langsam wurde er trotzdem nicht.

Es war schnell zu erkennen, dass es wahrscheinlich nicht besonders funktionieren würde, Bud beibringen zu wollen, dem Druck des Gebisses nachzugeben. Wir mussten einen anderen Weg finden, uns ihm verständlich zu machen, als ihm immer im Maul herumzuziehen. Also nahmen wir ihn in die Bahn, schnallten den Ausbinder aus und ersetzten die Kandare durch eine einfache Wassertrense.

Er war der perfekte Gentleman, als ich ihn hereinführte. Sein Verhalten bei der Bodenarbeit war überhaupt einwandfrei und ließ in nichts die Schwierigkeiten vermuten, die er damit hatte, wenn jemand im Sattel saß. Seine Ruhe war dahin, als ich den Sattelgurt anzog und den Fuß in den Bügel setzte. Sein Energiepegel stieg augenblicklich an, er begann rau zu atmen und bog den Nacken, bis er sich fast in die Brust biss. Ich versuchte ihn zu beruhigen, indem ich ihm über den Nacken strich, aber er ging nicht darauf ein. Ich dachte, wenn ich ihm überhaupt helfen konnte, dann wohl nur vom Sattel aus, stieg also in den Bügel und ließ mich vorsichtig in den Sattel gleiten.

Es war ein Gefühl wie auf der Spitze einer Rakete kurz vor dem Abschuss. Es war unglaublich, wie viel Energie er schon aufbaute, während er einfach nur dastand, und als ich anreiten wollte, ging die Ladung hoch. Er stürmte im vollen Galopp los und wir waren im Nu am Ende der langen Seite angekommen. Ich wusste, dass es wenig nützen würde, am Zügel zu ziehen und ging zu Plan B über – einem Stop an einem Zügel. Ich nahm den inneren Zügel an und ließ ihn durchs Genick treten, was er auch sehr schön tat. Es gab nur ein Problem – niemand hatte mir gesagt, dass er im vollen Tempo auf sehr kleinen Zirkeln galoppieren konnte, ohne auch nur einmal aus dem Takt zu kommen. Wir ritten vielleicht siebzig oder achtzig Zirkel über die ganze Bahn verteilt und gelangten innerhalb von Sekunden von der südöstlichen Ecke der Bahn zur nordwestlichen, ohne dass er auch nur ein Jota langsamer geworden wäre.

Okay, Zeit für Plan C – wenn ich einen gehabt hätte. Es stand außer Frage, dass wir diesen Schnellzug bremsen mussten, aber wie? Womit könnte ich ihm zeigen, dass er für mich gar nicht so schnell laufen musste? Ich beschloss, das Beste wäre, es ihm zu überlassen, mir mitzuteilen, was für ihn richtig war. Vielleicht war der beste Weg ihn zu bremsen, ihn von selbst langsamer werden zu lassen. Schließlich war klar, dass nichts, was ich vom Sattel aus tun würde, ihn sehr beeindrucken würde. Also dachte ich, ich müsste ihn seine Meinung äußern, sich alles von der Seele laden lassen. Erst dann, wenn er in einer Verfassung war, dass er mich und meine Wünsche überhaupt wahrnahm, würde ich etwas von ihm verlangen.

Also ließ ich ihn laufen. Er rannte Runde um Runde, so schnell ihn seine Füße trugen. Als ich das Gefühl hatte, dass er so viel langsamer geworden war, dass eine Wendung gefahrlos möglich war, wechselte ich die Hand, und ab ging's in die andere Richtung. Ich passte sehr auf, meine Schenkel nicht anzulegen, damit er sie nicht als Aufforderung missverstehen konnte, noch schneller zu werden.

Nach zwanzig rasanten Minuten begann ihm der Dampf auszugehen, und ich forderte ihn sehr ruhig auf langsamer zu werden, indem ich einen leichten Druck auf das Gebiss ausübte. Es war, als hätte er überhaupt nichts gespürt. Ich forderte ihn drei- oder viermal auf, dem Druck aufs Gebiss nachzugeben, aber es kam keine Reaktion. Also verlangte ich ein bisschen mehr von ihm. Während wir die lange Seite entlanggaloppierten, ließ ich ihn ein paar Achten und Schlangenlinien laufen. Anfangs wurde er nicht viel langsamer, aber er führte sie so willig aus, wie es in Anbetracht der Umstände möglich war. Nachdem er zehn Minuten abwechselnd Achten und Schlangenlinien gelaufen war, fiel sein Energiepegel dramatisch ab und ich versuchte nochmals, ihn aus dem Galopp durchzuparieren, indem ich mich im Sattel weicher machte und die Zügel annahm. Sehr zu meiner Überraschung fiel er diesmal aus dem Galopp in den Trab. Ich nahm die Zügel noch einmal an und er fiel in den Schritt. Und schließlich hielt er an.

Er atmete schwer und war schweißüberströmt, aber er stand. Damit er ja keine Bewegung meinerseits als Aufforderung missverstehen konnte, sich wieder in Bewegung zu setzen, saß ich vier oder fünf Minuten so still im Sattel, wie ich nur konnte. Endlich streckte ich die Hand aus und klopfte ihm den Hals. Zum ersten Mal ließ er den Kopf fallen und leckte sich die Lippen.

Die nächsten paar Wochen arbeitete ich mit Bud so ziemlich auf die gleiche Weise – ich ließ ihn die Dinge durchlaufen, die er brauchte, bevor ich etwas von ihm verlangte. Wenn er so weit war, konnte er mich auch wahrnehmen und die Aufgaben, die ich ihm stellte, tatsächlich ausführen.

Nur zu gern würde ich hier sitzen und Ihnen erzählen, dass er nach wenigen Wochen wieder ein hundertprozentig gutes, nützliches Pferd war, aber leider war das nicht der Fall. Die Wahrheit ist, dass es fast zwei Monate dauerte, bis er begriff, dass es okay für ihn war, Schritt zu gehen, wenn jemand im Sattel saß. Es dauerte weitere Wochen, bis er auf ein leichte Hilfe hin anhielt, und weitere zwei Monate, bis man ihn traben und galoppieren konnte, ohne dass er durchdrehte. Tatsache ist aber auch, dass er, nachdem alles ausgestanden war, extrem ruhig wurde und willig alles tat, was man von ihm verlangte. Zwei Sommer nachdem wir angefangen hatten, mit Bud zu arbeiten, war er nicht nur wieder ein sicheres Führpferd bei Ausritten, sondern wir konnten ihn auch wieder in der Bahn als Schulpferd einsetzen, auf dem die Leute reiten lernten. Er war eines unserer besten Lehrpferde.

Missy hatte eine andere Vorgeschichte. Sie war nicht mehr jung, die Schätzungen reichten von fünfundzwanzig bis fünfundfünfzig Jahre. Ein netteres Pferd als sie war kaum denkbar, und deshalb war es auch besonders schlimm, sie so verängstigt zu sehen. Menschen (mit Ausnahme von Kindern) machten sie sehr nervös, sie war schwer einzufangen, schwierig zu führen und ließ sich nicht um alles in der Welt irgendwo anbinden. So viel ich mitkriegte, lag hier auch der Grund für ihre Probleme.

Mir wurde erzählt, dass Missy vor einigen Jahren am Anbindebalken angebunden gewesen war. Ein paar andere Pferde neben ihr begannen zu streiten und erschreckten sie so, dass sie am Strick zerrte, um von ihnen wegzukommen.

Na ja, der Strick war alt und verrottet, und als sie daran zerrte, riss er und sie kam frei. Missy hatte vorher nie Schwierigkeiten gemacht und sich auch nie gegen den Anbindestrick aufgelehnt. Höchstwahrscheinlich hätte sie das auch nie mehr getan, wenn man sie in Ruhe gelassen hätte. Einer der Wrangler auf der Ranch beschloss jedoch, „ihr eine Lektion zu erteilen", was das Nachgeben auf Druck anging, damit sie nie wieder einen Strick zerriss.

Der Wrangler nahm die alte Missy, band sie am Balken fest und begann ihr mit dem Ende des Führstricks ins Gesicht zu schlagen. Nicht lange, und Missy entschied, dass es vielleicht keine schlechte Idee wäre, von dem Kerl wegzukommen, und sie zog rückwärts. Die gute Nachricht war, dass weder der Strick noch das Halfter nachgaben. Die schlechte Nachricht war, dass der Anbindebalken es nicht aushielt. Wieder hatte Missy sich befreit, indem sie nach hinten zog.

Der Wrangler band sie an einen anderen Balken und schlug ihr weiter mit dem Führstrick ins Gesicht. Missy zog heftig rückwärts, zerriss diesmal ihr Halfter und war wieder frei. Sie wurde eingefangen, mit zwei Halftern versehen und wieder angebunden. Diesmal zerriss sie den Anbindestrick.

Die nächsten drei Monate brachte der Wrangler ihr erfolgreich bei, dass sie alles und jedes zerreißen konnte, wenn sie nur heftig genug nach hinten zog. Von da an wurde es immer schlimmer. Man schlug ihr jetzt zwar nicht mehr ins Gesicht, sondern auf das Hinterteil, wenn sie am Strick zog, aber das half auch nicht. Sie riss immer noch alles entzwei.

Mein Vorgänger ließ einen dicken Pfosten in den Boden zementieren und band sie daran fest. Nach dem ersten Mal ging sie niemals mehr so nahe an den Pfosten heran, dass man sie daran hätte anbinden können. Man band sie an einen noch viel dickeren Pfosten, der zu einer Verladerampe gehörte. Nachdem sie sich einmal auch davon losgerissen hatte, ging sie dort ebenfalls nicht mehr näher heran. Man band ihr dicke Stricke um den Bauch, die durch das Halfter liefen, und band sie damit fest. Man rammte ihr Mistgabeln ins Hinterteil oder schlug sie mit Ketten, schließlich schoss man von hinten mit kleinen Kügelchen auf sie, wenn sie anfing zu zerren. Jahr um Jahr erfanden sie etwas Neues, um sie daran zu hindern, sich loszureißen, und Jahr um Jahr riss sie sich wieder los. Nach elf langen Jahren war eines klar – nichts davon hatte geholfen.

Als Missy und ich uns begegneten, hatte sie mit Menschen nicht mehr viel am Hut. Im Jahr davor war schon die Rede davon gewesen, sie zum Metzger zu schicken. Dort wäre sie sicher auch gelandet, wenn sie nicht einen rettenden Vorzug gehabt hätte: Sie war wunderbar mit Kindern. Trotz aller Schwierigkeiten, die sie mit Erwachsenen gehabt hatte, schien sie immer noch eine Schwäche für Kinder zu haben. Sie brachte mehr Kindern das Reiten bei als fünf andere Pferde auf der Ranch zusammengenommen. Ich bin mir absolut sicher, dass sie nur deswegen nicht schon längst in den Pferdehimmel befördert worden war.

Offenbar war mein Ruf als Trainer von „Problempferden" mir vorausgeeilt, denn kaum hatte ich meine Stelle angetreten, als ich auch schon andauernd gefragt wurde: *Was gedenken Sie dagegen zu tun, dass Missy sich immer losreißt?* Ehrlich gesagt hatte ich keine Ahnung. Nur eines war sicher: Die Zeiten, in denen sie dafür geschlagen wurde, dass sie sich nicht anbinden ließ, waren vorbei.

Zu den ersten Dingen, die ich tat, als ich anfing, auf dieser Ranch zu arbeiten, gehörte, dass ich alle Pferde kennen lernte, ganz besonders Missy. Ich stellte schnell fest, dass sie eine der sanftmütigsten Stuten war, die ich je gesehen hatte, aber sie hatte keinerlei Vertrauen mehr in die Menschheit, besonders nicht in die größeren Exemplare.

Mein vordringliches Ziel war also, ihr Vertrauen zurückzugewinnen. Mein erster Versuch in dieser Richtung bestand darin, dass ich sie sagen ließ, was für sie okay war und was nicht, wenn wir mit ihr umgingen.

Sie erklärte uns ohne Umschweife, dass es einiges gab, was sie auf gar keinen Fall tolerieren würde. Wir durften sie zum Beispiel nicht in einem Ständer anbinden. Sie wollte nicht zu schnell gesattelt werden, das machte sie nervös. Sie mochte es nicht, wenn Leute am Führstrick zogen, damit sie schneller ging. Das war einer der Auslöser dafür, dass sie rückwärts zog. Sie wollte nicht in die Nähe der Verladerampe, das machte sie nervös. Sie wollte nicht angebunden werden, wenn sie am Anbindebalken oder sonstwo stand – *wenn ihr mich anbindet, reiße ich mich los. Punkt.* Sie stand auch nicht gern neben bestimmten anderen Pferden. Sie machten sie nervös. Sie mochte es nicht, wenn Leute schnell von hinten oder von vorn auf sie zukamen. Das machte sie nervös. Sie mochte es – aus nahe liegenden Gründen – nicht, wenn in der Nähe ihres Gesichts, ihrer Schultern, Kruppe oder Hinterhand mit Stricken herumgefuchtelt wurde. So, das war's. Das waren Missys Grundregeln.

Aber die Frage blieb. Wie konnten wir verhindern, dass sie sich weiterhin losriss? Ich dachte viel darüber nach und kam nach einigen Wochen zu einem Entschluss: Wir würden sie einfach überhaupt nicht anbinden. Wir würden sie nicht nur nicht anbinden, wir würden auch sonst nichts von dem tun, was sie nicht leiden konnte.

Sie können sich vorstellen, dass das einigermaßen verblüffend war für diejenigen, die gedacht hatten, ich würde mit einer weltbewegenden Technik aufwarten, wie man ein Pferd daran hinderte, sich ständig loszureißen. Sicher dachten einige, ich hätte keine Lust, mich mit dem Problem zu befassen und hätte einfach beschlossen, es zu ignorieren. In Wirklichkeit schien mir aber, dass dies einer der Fälle sein könnte, die man am besten dadurch löst, dass man so tut, als existierten sie überhaupt nicht.

Von da an sattelten wir Missy so langsam, wie es ihr angenehm war. Wir achteten darauf, nicht am Führstrick zu ziehen, wenn wir sie führten. Wenn wir sie draußen am Anbindebalken hatten, hängten wir den Strick über den Balken, banden sie aber niemals fest. Wir achteten darauf, dass sie nie neben einem Pferd stehen musste, das sie nervös machte, dass niemand sich vor oder hinter ihr schnell bewegte oder gar einen Führstrick schwang, wenn es sich irgend vermeiden ließ. Verstehen Sie mich nicht falsch. Wir gingen nicht auf den Zehenspitzen, wenn sie in der Nähe war. Wir machten unsere Arbeit und behandelten sie dabei wie jedes andere Pferd im Stall. Nur wenn wir uns direkt mit ihr beschäftigten, bemühten wir uns, alles zu unterlassen, was ihr unnötige Probleme bereiten konnte.

Ich hoffte, dass sie uns mit der Zeit als vertrauenswürdig betrachten würde, und selbst wenn sie uns nie ganz vertrauen würde, hoffte ich, sie würde sich wenigstens ein bisschen wohler bei uns fühlen. Trotzdem dauerte es, wie ich zugeben muss, eine ganze Weile, bis Missy anfing darauf einzugehen. Es dauerte Monate, bevor wir anfingen, eine Veränderung bei ihr wahrzunehmen, aber es fand eine Veränderung statt, langsam, aber sicher. Mit der Zeit empfand sie Dinge, die früher großen Stress für sie bedeutet hatten, als nicht mehr so wichtig. Wenn jemand vor oder hinter ihr rasch herumlief, löste das nicht mehr dieselben Panikreaktionen aus. Ein straffer Führstrick brachte sie nicht mehr dazu, rückwärts zu zerren. Sie konnte mit Sattel ruhig stehen, auch wenn jemand noch so rasch um sie herumwuselte, und was das Wichtigste war, sie ließ sich wieder am Anbindebalken anbinden.

Dass dem so war, fanden wir ganz zufällig gegen Ende der Saison heraus. Jedes Jahr mussten wir die letzten Wochen vor Saisonende mit einigen Helfern weniger auskommen, weil wir immer College-Studenten anheuerten, die dann schon zurück mussten zum Herbstsemester. Na ja, und dann stellten wir eine junge Dame als Ersatz für einen unserer College-Studenten ein, die noch nicht alle Pferde im Stall kannte und nichts von Missys Vergangenheit und ihren Schwierigkeiten wusste. Als Missy von einem Trailritt zurückkam, nahm sie, der neue Wrangler, die Stute in Empfang, führte sie zum Anbindebalken und band sie dort an wie jedes andere Pferd auch. Bis es jemand auffiel, hatte Missy über eine Stunde angebunden dagestanden und nicht ein einziges Mal versucht, sich loszureißen. Es war ein unerhörter Rekord für Missy, denn vorher hatte ihre Marke bei etwa eineinhalb Minuten gelegen. Wir hatten sie die ganze Zeit nie angebunden, auch nicht als sie anfing, sich an die Alltagsroutine zu gewöhnen und zu erkennen gegeben hatte, dass sie keine solchen Probleme mehr damit hatte. Von diesem Tag an ließ sich Missy wieder anbinden wie jedes andere unserer Pferde.

Mir scheint, wir verbeißen uns manchmal derartig darin, auf welche Art wir unseren Pferden etwas beibringen oder mit welchen „Trainingstechniken" wir irgendwelche Probleme mit ihnen lösen können, dass wir darüber das Wichtigste aus den Augen verlieren – das Pferd.

Ich glaube, wenn wir unseren Pferden eine Chance geben, uns mitzuteilen, was sie empfinden, und ihnen wirklich zuhören, was sie zu sagen haben, können wir die Tür zu einer ganz neuen Art der Kommunikation öffnen, einer, die vorher vielleicht gar nicht existierte. Wir geben uns selbst Gelegenheit, sämtliche Meinungen in Betracht zu ziehen – auch die unserer Pferde. Das ermöglicht uns, eine wirklich kundige Entscheidung zu treffen, wie wir vorgehen sollen, und begrenzt die Fehler, die wir auf die Dauer möglicherweise begehen.

Im Grunde genommen spreche ich hier über Vertrauen. Vertrauen unsererseits, dass unsere Pferde das Richtige tun werden, und Vertrauen ihrerseits, dass wir das Richtige tun werden. Bevor unsere Pferde uns vertrauen können, müssen wir natürlich erst beweisen, dass wir faire Entscheidungen treffen können. Und wie könnte sich diese Fairness besser zeigen als in der Bereitschaft, dem Pferd von Zeit zu Zeit ein Mitspracherecht einzuräumen? Das heißt nicht, dass wir es dann immer auch so machen. Aber es könnte ja sein, dass das Pferd auch einmal Recht hat.

Vielleicht ist der beste Weg, für unsere Pferde zum vertrauenswürdigen Führer zu werden, der, keine Angst davor zu zeigen, ab und zu auch zu folgen. Es ist keine Sünde, sich von seinen Pferden sagen zu lassen, was nicht stimmt, und ihnen von Zeit zu Zeit auch einmal eine Entscheidung zu überlassen. War die Entscheidung gut, können wir damit weitermachen. War sie schlecht, können wir den Pferden zeigen, warum sie schlecht war und was wir dazu tun können, dass sie aus der Situation wieder herauskommen. Dadurch vermeiden wir nicht nur einen möglichen Kampf, sondern zeigen unseren Pferden auch, dass sie sich in so ziemlich jeder Situation auf unsere Fairness verlassen können.

Es genügt vielleicht schon, dem Pferd nur eine Chance zu geben, damit es anfängt, in Ihnen seinen Führer zu sehen, besonders dann, wenn es wirklich darauf ankommt. Es könnte sein, dass das den echten Führer überhaupt ausmacht.

Wird es funktionieren? Oder: Warum wir heute keine Problempferde mehr haben

Es ist seltsam, was einem so alles durch den Kopf geht, wenn man die Tür zu einem Teil seines Lebens hinter sich schließt und sich fertig macht, durch eine neue Tür hindurchzugehen. Diese Gedanken gingen mir durch den Kopf, als ich den Berg Sattelzeug betrachtete, der am Boden des 110 Jahre alten Stalls aufgehäuft lag, der so lange mein Büro und mein Heim außerhalb meines Zuhauses gewesen war. Seit einer Stunde ging ich im Stall herum und sammelte alles ein, was mir gehörte. Stück für Stück hatte ich da weggenommen, wo es jahrelang seinen Platz gehabt hatte und es auf den Haufen neben der Tür gelegt. Bald würde ich alles in meinen Pickup laden und damit wegfahren.

Der Haufen bestand aus dem Werkzeug für meinen Beruf: Sättel und Sattelpads, Halfter, Führstricke, Zäume, Lederzügel, ein paar lange Zügel für das Fahren vom Boden aus, meinen Reitmantel, Chaps, Handschuhe, Beschlag- und Lederwerkzeug, Lassos und Baumwollstricke in allen Größen und Längen. Ich legte den letzten Führstrick über einen meiner Sättel, trat einen Schritt zurück und betrachtete kopfschüttelnd den Stapel – kopfschüttelnd, weil ich selbst kaum fassen konnte, was sich ereignet hatte.

Über acht Jahre lang hatte ich in der einen oder anderen Funktion auf dieser Gäste-Ranch gearbeitet. Angefangen hatte ich als eine Art Sicherheitsberater und war dann Vollzeitausbilder geworden. Ein Jahr später wurde ich zum

Vormann befördert, und wieder ein Jahr später war ich mit meiner Familie vom Stadtrand in ein Haus auf dem Ranchgelände gezogen. Wir hatten etwas über vier Jahre auf der Ranch gelebt, aber damit war nun ganz plötzlich Schluss. Am Tag nach dem Saisonende wurde ich vor die neuen Besitzer zitiert und prompt gefeuert. Die neuen Besitzer – strenggläubige Christen – erklärten mir, ihrer Ansicht nach hätte ich an den christlichen Aktivitäten, die sie den Sommer über für Angestellte und Gäste angeboten hatten, nicht genügend teilgenommen. Auch wenn ich ein, wie sie es nannten, erstklassiges Pferdeprogramm für sie aufgestellt hätte, könnte ich nicht länger zur „Familie" gehören. Wir hatten sechzig Tage Zeit, die Ranch zu verlassen.

Als ich noch einmal durch den Stall ging und mich vergewisserte, dass ich alles hatte, wanderten meine Gedanken zu den allerersten Tagen hier zurück. Der damalige Besitzer hatte mich angestellt, um die Ranchpferde und das Reitprogramm auf Vordermann zu bringen. Es hatte einige Unfälle mit den Pferden gegeben, deshalb wollte er mehr Sicherheit im Programm und dabei gleichzeitig insgesamt mehr Qualität in seinem Angebot an die Gäste. Der Besitzer wusste, dass ich vorher auf einigen anderen Ranchs für das Reitprogramm verantwortlich gewesen war und die Pferde dort zuverlässiger für die Gäste geworden waren. Die Sicherheit hatte sich dort derartig verbessert, dass praktisch keine Unfälle mehr vorkamen. Das war die Art Programm, die ihm vorschwebte, und er hoffte, dass ich ihm dabei helfen konnte.

Der größte Aktivposten, den ich meinem Gefühl nach einzubringen hatte, war meine Erfahrung mit dem alten Mann vor all den vielen Jahren. Die Zeit bei ihm hatte mir gezeigt, wie einfach die Dinge in einem Reitbetrieb laufen konnten. Viele Betriebe, die ihr Geld mit dem Vermieten von Pferden verdienen, kümmern sich sehr wenig um ihre

Pferde. Die Grundmentalität dort heißt: Schmeiß den Sattel drauf und ab geht's! Die Pferde sind nur Mittel zum Zweck, und sehr oft sind es die Pferde, die auch am lautesten gegen diese Art von Einsatz protestieren: Sie lassen sich nicht mehr fangen, gehen durch, bocken ihre Reiter herunter, streifen sie an Bäumen ab, scheuen zum ungelegensten Zeitpunkt oder sind ganz einfach insgesamt widerspenstig. Ich war schon immer der Ansicht gewesen, dass sich all das am besten vermeiden ließ, wenn man die Pferde mit ruhiger Konsequenz behandelte und ihnen zeigte, dass man ihnen vertraute, ihre Würde anerkannte und sie respektierte, wie es der alte Mann bei seinen Pferden gehalten hatte. Auf diese Art und Weise konnten sich die Dinge anders entwickeln, auch in einem Verleihstall.

Als Erstes brauchten wir die richtige Art von Personal auf der Ranch. Es mussten Leute mit Pferdeerfahrung sein, aber sie mussten auch die richtige Einstellung haben. Wir brauchten Leute, die bereit waren, im Zweifelsfall meistens zu Gunsten des Pferdes zu entscheiden und im Falle eines Problems mit einem Pferd dieses zu durchdenken, anstatt nur darauf zu reagieren. Wir wollten Leute, die etwas im Kopf, aber auch eine weiche Hand und ein gutes Herz hatten. Es mussten kurz gesagt Menschen sein, für die das Pferd immer an erster Stelle stand. Einige der Besten kamen später Jahr für Jahr wieder und arbeiten jetzt selbstständig mit Pferden.

Nachdem wir die richtigen Leute angestellt hatten, war es Zeit, der Ranch selbst ein paar Verschönerungen angedeihen zu lassen. Wir bauten eine neue Sattelkammer, ein neues Büro und einen neuen Abfohlstall, neue Vier-Balken-Zäune, zusätzliche Corrals, zwei neue Roundpens und eine Reitbahn. Im Schatten großer Kiefern wurden neue Anbindebalken eingerichtet, damit die Pferde, die nicht im Gelände waren, tagsüber vor Sonne und Regen geschützt waren. Schlussendlich wusste jeder, dass die Ranch jederzeit fleckenlos sauber zu sein hatte. Pferdeäpfel wurden aufgelesen, sobald sie den Boden berührten, die Stallgasse wurde täglich mindestens dreimal gefegt und das gesamte Areal einschließlich der Zufahrt und der Trails, soweit sie in Sichtweite lagen, jeden Tag mindestens einmal gerecht.

Die Zäune in gutem Zustand und den Platz sauber zu halten gab den Angestellten ein Gefühl von Stolz, das sie nicht missen wollten. Es trug auch dazu bei, dass ihnen der Enthusiasmus in der täglichen Arbeit nicht verloren ging. Dieser Stolz hielt nicht nur den ganzen Sommer vor, sondern wurde von einer Mannschaft an die nächste weitergegeben.

Als das Personal zur Stelle und der Platz in Ordnung war, wurde es Zeit, mit den Pferden zu arbeiten. So ziemlich das Erste, was wir taten, war, jedem Pferd sein eigenes Sattel- und Zaumzeug zuzuordnen. Wissen Sie, vorher war es so gewesen: Wenn ein Gast einen Ritt gebucht hatte, sah sich der Wrangler diesen Gast einen Tag vorher an, teilte ihm einen bestimmten Sattel zu und legte diesen Sattel dann dem erstbesten Pferd auf, das ihm gerade in den Weg kam. Die Folge war, dass die Pferde ständig mit Sätteln gingen, die ihnen nicht passten und deshalb dauernd unter Satteldruck litten.

Wir legten so lange systematisch einen Sattel nach dem anderen auf ein Pferd nach dem anderen, bis wir den gefunden hatten, der dem Pferd am besten passte. Dieser Sattel gehörte dann zur individuellen Ausrüstung dieses bestimmten Pferdes. Mit der Trense hielten wir es genauso. In der Sattelkammer hatte jeder Sattel seinen Platz, und zwar in alphabetischer Reihenfolge der Pferdenamen. Die Trensen hingen, ebenfalls alphabetisch geordnet, in einem zweiten Raum, sodass sie leicht zu finden und Verwechslungen ausgeschlossen waren.

Nachdem diese Frage geklärt war, wandten wir uns körperlichen Problemen zu. Dr. Dave Siemans, ein Pferdechiropraktiker, mit dem ich seit vielen Jahren zusammenarbeitete, renkte alle Pferde mit Rücken-, Genick-, Hüft- oder Schulterproblemen ein. Wir ließen alle Pferde tierärztlich untersuchen, entwurmen und die Zähne raspeln. Wir wechselten auch den Futtermittelhändler, um ein Heu zu erhalten, das reich an Proteinen, Kohlehydraten und anderen Nährstoffen war. Und statt des einfachen Quetschhafers mit relativ wenig Nährwert bekamen die Pferde nun ein speziell auf ihre Bedürfnisse zugeschnittenes Futter. Nach diesen Veränderungen stellten wir einen sichtbaren Unterschied fest. Die Pferde fingen an zuzunehmen und hielten dieses Gewicht auch. Sie hatten mehr Energie und schienen williger zu arbeiten.

Dann sahen wir uns die Hufe an. Die meisten Pferde machten inzwischen Schwierigkeiten beim Beschlagen. Viele hatten wegen der unpassenden Sättel Rückenprobleme, und weil ihnen der Rücken weh tat, hatten sie Hüft- und Schulterprobleme. Weil sie Hüft- und Schulterprobleme hatten, begannen sie sich zu verkrampfen, wenn sie beim Schmied waren. Da sie Schmerzen hatten, zogen sie oft den Huf weg, wenn der Schmied gerade bei der Arbeit war.

Das zweite Problem war der Schmied, der bis jetzt auf die Ranch gekommen war. Der Typ war ein guter Schmied, hatte aber wenig Feingefühl oder Geduld. Wenn ein Pferd mehr als einmal den Fuß wegzog, dauerte es nicht lang, bis es einen Tritt in den Bauch oder einen Hieb mit der Raspel abbekam. Die Pferde hatten Angst, wenn der Schmied kam, und oft begannen die Probleme schon, bevor er auch nur angefangen hatte.

Wir fanden einen neuen Schmied, der nicht nur sein Handwerk verstand, sondern auch mit Pferden umgehen konnte. Er nahm sich so viel Zeit, wie er eben brauchte, um ein Pferd zu beschlagen, ohne dass er mit ihnen kämpfte. Er achtete darauf, dass die Eisen passten und die Pferde in sich im Gleichgewicht waren, wenn er fertig war. Ohne Rückenschmerzen und mit dem neuen Schmied schmolzen die meisten unserer Beschlagprobleme einfach so dahin.

Mit den Pferden, die immer noch Schwierigkeiten damit hatten, ihre Füße beim Beschlagen hochzuhalten, arbeiteten wir in aller Ruhe. Manchmal verbrachten wir Tage oder sogar Wochen damit, dem Pferd die Füße nur jeweils ein bisschen höher anzuheben. Bei ein paar Pferden mussten wir anfangs damit zufrieden sein, den Huf nur ein paar Zentimeter vom Boden abzuheben und darauf aufzubauen, bis wir die Füße schließlich normal aufheben und für den Schmied in der richtigen Stellung halten konnten. Mit diesen Pferden ließen wir uns so viel Zeit, wie sie brauchten, um zu lernen, wie sie ihre Füße halten mussten. Der Schmied durfte nicht an sie heran, bevor wir nicht sicher waren, dass sie dazu bereit waren – wir wollten ihnen einen Fehlschlag ersparen.

Nachdem wir so die meisten „Nebensachen" aus dem Weg geräumt hatten, konnten wir uns endlich daran machen, die Pferde auszubilden oder zu korrigieren, damit sie das taten, was wir von ihnen erwarteten. Wie gesagt war es das Ziel des Besitzers und auch unser eigenes, Pferde zu haben, die die ganze Sommersaison über gleichmäßig rittig und willig blieben. Damit war es Zeit, dass ich, die Wrangler und die Pferde damit begannen, die Beziehung zu entwickeln, die all dies in sich vereinen würde.

Die Betonung lag auf „weich". Was auch geschah, die Wrangler hatten „weich" zu bleiben, wenn sie die Pferde ritten. Weiche Hände, geschmeidiger Sitz, weich anliegende

Schenkel. Nie und aus gar keinem Grund wurde geschlagen, getreten oder gebrüllt. Die Strafe dafür war ein zweitägiges Arbeitsverbot. Kam es noch einmal vor, folgte die Kündigung. Beide Strafen wurden nie notwendig.

Es war nicht immer einfach, bei der Arbeit mit den Pferden ruhig zu bleiben, weil so viele von ihnen mit den Jahren so weit „verbraucht" worden waren, dass sie nun unempfindlich waren für jede Art von Hilfe. Wir verfolgten jedoch konsequent unsere Ziele, und die Pferde reagierten.

Die Wrangler waren angewiesen, mit den weichsten Hilfen, die möglich waren, zu reiten, oft nur mit einem leichten Anlegen der Schenkel zum Anreiten und einer leichten Gewichtsverlagerung in Verbindung mit einem zarten Zügelannehmen zum Stoppen. Außerdem waren sie angewiesen, auf den leisesten Versuch von Seiten des Pferdes zu achten, ihn zu bemerken und sofort mit einem Nachlassen des Drucks zu beantworten. Das lernten alle sehr schnell und sehr gut. Nachdem sie von allen jeden Tag auf dieselbe Art und Weise geritten wurden, fingen sie innerhalb weniger Wochen an, darauf zu reagieren. Ehe wir richtig wussten, was geschah, waren alle unsere Pferde einschließlich der sehr alten, die schon seit Jahren im Betrieb mitgingen, so sensibel geworden, dass sie auf die leisesten Hilfen und Signale reagierten.

Wir hatten unseren Pferden beigebracht, auf leise Hilfen zu reagieren, aber eine Frage blieb offen: Wie konnten wir sie auf diesem Stand halten, besonders wenn sie den Sommer über hunderte verschiedener Reiter tragen mussten? Die Antwort war einfach. Alle mussten konsequent bleiben. Anstatt von unseren Pferden zu erwarten, dass sie auf die widersprüchlichen Hilfen eingingen, die jeder neue Reiter zwangsläufig geben würde, brachten wir jedem Reiter bei, auf welche Weise er mit seinem Pferd kommunizieren sollte.

Jede Woche, wenn eine neue Gruppe von Gästen auf die Ranch kam, hielten wir eine Informationsstunde in der Reitbahn ab. Dabei erklärten wir, wie unsere Pferde ausgebildet waren und was wir von unseren Gästen als Reitern unserer Pferde erwarteten. Wir demonstrierten im Sattel den richtigen Sitz und die richtige Handhaltung, damit sie im Gleichgewicht blieben. Wir zeigten ihnen die Hilfen für Schritt, Stop, Trab, Galopp und Abwenden anhand irgendeines Pferdes aus unserem Stall. Nach dieser Demonstration stiegen alle Gäste in den Sattel und übten in der Bahn, diese Hilfen zu geben und wieder einzustellen, wenn die Pferde darauf reagiert hatten, damit sie weiterhin sensibel blieben.

Bemerkenswert ist die Tatsache, dass nach dieser Informationsstunde viele Leute nicht nur Trailritte buchten, sondern sich auch für den Reitunterricht einschrieben, den wir ebenfalls anboten. Nur wenige hatten bisher Pferde kennen gelernt, die so ruhig und sensibel waren wie unsere, deshalb wollten sie mehr darüber erfahren, wie wir das bewerkstelligt hatten und wie sie ihre eigenen reiterlichen Fähigkeiten verbessern konnten. Nach ein paar Jahren war unser Reitunterricht sogar gefragter als die Trailritte, die wir anboten. Und das will etwas heißen, wenn man bedenkt, dass die meisten unserer Trails mitten durch den Rocky Mountains-Nationalpark führten.

Unser Ziel war es gewesen, eines der besten Reitprogramme weit und breit aufzustellen, aber für mich gab es noch ein größeres, wichtigeres Ziel – ein gegenseitiges Vertrauensverhältnis zwischen uns und unseren Pferden aufzubauen. Ich dachte, wenn wir gegenseitig Vertrauen hätten, würden unsere Pferde ihre Arbeit tun *wollen*, anstatt das Gefühl zu haben, dass ihnen nichts anderes übrig blieb. Ich wollte sie als willige Partner bei der Arbeit haben, darum musste ich ihnen diese Arbeit so leicht wie nur möglich machen. Das bedeutete, die Pferde in die richtige geistige Verfassung zu bringen, sodass sie keine Notwendigkeit sahen, mit uns zu kämpfen. In diese geistige Verfassung brachten wir sie, indem wir sie lehrten, weich zu sein. Halten konnten wir sie in dieser Verfassung, indem wir unsere Gäste lehrten, weich zu sein.

Trotzdem gehörte noch mehr dazu. Die ganze Zeit hatte ich das Gefühl, dass wir, um einen wirklichen Erfolg zu erzielen, noch viel konsequenter sein müssten. Bis dahin hatten wir uns hauptsächlich auf „oberflächliche" Dinge gestützt, um unser Ziel zu erreichen. Missverstehen Sie mich bitte nicht, ich finde alles, was wir getan haben, sehr wichtig, aber ich hatte auch das Gefühl, dass alles hauptsächlich darauf beruhte, dass die Pferde bestimmte Dinge lernten oder wieder auffrischten. Um alles zusammenzubringen, mussten wir an die „Ausstrahlung" des gesamten Betriebes gehen.

Meiner Erfahrung nach hat jeder Ort, der mit Pferden zu tun hat, sei es ein Pensionsstall, ein Ausbildungsstall, eine Gäste-Ranch oder ein Hinterhof, eine bestimmte Ausstrahlung. Meistens kann ich sie schon spüren, sobald ich aus dem Pickup aussteige. Bei dem alten Mann zum Beispiel spürte man ein ruhiges Zusammengehörigkeitsgefühl zwischen den Menschen und Pferden dort. Es war das Gefühl, dass alle auf der gleichen Wellenlänge lagen und sie sich gegenseitig helfen konnten. Im Gegensatz dazu war ich auch schon in Ställen, in denen die Spannung zwischen Pferden und Menschen oder auch zwischen den Menschen selbst so handgreiflich war, dass man sie mit dem Messer schneiden konnte.

Ich glaube, dass eine Reihe von Faktoren eine Rolle

dabei spielen, welche Ausstrahlung ein Ort hat, dass aber die Hauptrolle den Menschen zukommt, die dort arbeiten oder leben. Was sie tun und wie sie es tun, bildet die Grundlage für die Atmosphäre, die der Ort hat.

Meiner Meinung nach hat die Ausstrahlung eines Ortes viel damit zu tun, wie die Pferde reagieren, wenn mit ihnen gearbeitet wird. An einem Ort mit einem ruhigen Zusammengehörigkeitsgefühl, wie es bei dem alten Mann der Fall war, scheinen die Pferde immer willig und einfach im Umgang zu sein. Wo dagegen Stress und Anspannung das Feld beherrschen, reagieren die Pferde entsprechend: mit Anspannung und viel aufgestautem Stress, der manchmal nicht mehr unter Kontrolle zu halten ist.

Als ich auf der Ranch anfing, hätte ich sagen müssen, dass unser Betrieb irgendwo in der Mitte zwischen diesen beiden lag. So richtig zum Wohlfühlen war er nicht, aber er war auch nicht unerträglich. Deshalb gehörte es zu meinen Prioritäten zu versuchen, ob wir nicht vielleicht doch eine bessere Atmosphäre für uns und unsere Pferde schaffen konnten.

Wir waren der Sache schon ein Gutteil näher gekommen durch die Leute, die wir angestellt hatten. Es waren alles gute Pferdeleute, ohne die großen Egos, die so oft Probleme schaffen. Alle waren gewissenhafte Arbeiter und wurden fast sofort gute Freunde. Jeder war bereit, jedem zu helfen, wenn Not am Mann war, und es herrschte ein Verwandtschaftsgefühl, das bei vielen bis zum heutigen Tag anhält. Dass unser Personal so gut war, machte alles Übrige einfach.

Ich glaube, zu der Atmosphäre auf dem Hof des alten Mannes trug mit am meisten die Tatsache bei, dass er selten bis nie ein großes Getue machte. Meines Wissens hat er nie jemand angebrüllt, und er kämpfte nicht mit seinen Pferden. Infolgedessen war etwas um ihn, das sagte, selbst wenn etwas Schlimmes passieren würde, wäre es irgendwie okay. Er machte es den Pferden leicht, auf ihn zählen und ihm vertrauen zu können, wenn etwas schief ging. Und das war das Gefühl, das wir auf der Ranch schaffen wollten. Die Hauptsache war schon da, dank unseres hervorragenden Personals. Das Übrige würde sich mit der Zeit einstellen und würde sich in der Art und Weise zeigen, wie wir mit den Alltagssituationen fertig wurden.

❖

Im Verlauf der nächsten Monate und Jahre entstand dieses Gefühl von Vertrauen und Zuversicht zwischen uns und unseren Pferden, das wir angestrebt hatten. Dazu trugen verschiedene Faktoren bei. Der erste war, dass wir bereit waren, uns für unsere Pferde einzusetzen, wenn es nötig war. Wenn ein Gast grob mit den Zügeln umging, bremsten wir ihn sofort. Das machte den Gast nicht immer sehr glücklich, aber das Pferd wusste es zu schätzen.

Der zweite Faktor war, dass wir den Pferden ein Mitspracherecht einräumten und versuchten, ihnen zuzuhören. Es kam einige Male vor, dass Pferde uns zu verstehen gaben, dass sie nicht gern geritten werden wollten, weil sie einen Satteldruck hatten oder sich nicht wohl fühlten. Wenn ein Pferd anfing, sich „anders" zu verhalten, nahmen wir es aus der Arbeit, ließen es vom Tierarzt, Chiropraktiker oder Schmied untersuchen, beseitigten das Problem und ließen es wieder weiterarbeiten. Und jedesmal verbesserten sich Leistung und Einstellung des Pferdes danach deutlich.

Die Pferde durften auch in anderen Situationen ihre Meinung äußern. Wir hatten schon einige Wochen Saison gehabt, als zum Beispiel eine unserer Stuten ohne ersichtlichen Grund auf dem Trail stehen blieb, umdrehte und nach Hause wollte. Unser erster Gedanke war, dass etwas körperlich nicht in Ordnung war. Sie wurde gründlich untersucht, aber es wurde nichts festgestellt und so ließen wir sie wieder mitgehen. Wieder wollte sie nach Hause, und wieder ließen wir sie untersuchen. Nachdem auch die zweite Untersuchung ohne Ergebnis blieb, entschieden wir, dass sie uns zu sagen versuchte, dass sie einfach nach Hause wollte.

Das beste Heilmittel, so schien es uns, war, ihr ihren Willen zu lassen und ihr dann zu zeigen, dass ihre Idee doch nicht die beste Option war. Anstatt auf dem Trail mit ihr zu kämpfen, ließen wir sie das nächste Mal unter einem Wrangler gehen, der Anweisung hatte, sie im Lope zurück-zubringen, wenn sie wieder umzudrehen versuchte. Zurück auf dem Hof sollte er mit der Stute in die Reitbahn gehen und sie etwa zehn Minuten erst auf der einen Hand, dann auf der anderen Hand im Lope arbeiten. Danach sollte er im Schritt zurück auf den Trail reiten, und wenn sie wieder umdrehen wollte, sollte er das Ganze wiederholen.

Beim nächsten Mal arbeitete der Wrangler die Stute auf diese Weise eine ganze Weile. Die Pferde, mit denen sie ursprünglich hinausgegangen war, waren sogar schon wieder im Stall, und sie arbeitete immer noch. Kurz nachdem sie zurückkamen, ging ihr plötzlich auf, dass sie viel mehr arbeitete, als nötig gewesen wäre. Der Wrangler ritt sie wieder auf den Trail und über den Punkt hinaus, an dem sie ursprünglich kehrtgemacht hatte, saß dann ab und führte sie im Schritt zurück. Selbst in einer Situation wie dieser behandelten wir sie mit Respekt und der Würde, die sie verdiente. Sie hat auf dem Trail nie wieder umgedreht.

Der dritte Faktor, der in meinen Augen dazu beitrug, die gewünschte Atmosphäre zu schaffen, war, dass wir den Pferden klar machten, dass es Grenzen gab. Wir waren bereit, im Zweifelsfall zu ihren Gunsten zu entscheiden, zuzuhören, was sie zu sagen hatten, und sie mit dem gebührenden Respekt zu behandeln, aber wir erwarteten das Gleiche auch von ihnen. Wir machten ihnen klar, dass sie sich zu benehmen hatten, auf den Trails, in der Reitbahn und überhaupt immer, wenn Menschen mit ihnen umgingen. Sicherheit hatte immer noch Vorrang, und die Sicherheit war am besten gewährleistet, wenn die Pferde die Grundregeln verinnerlicht hatten.

Im Prinzip sahen diese Grundregeln so aus: Wenn sie geführt wurden, durften sie niemand anrempeln oder umrennen. Sie durften weder im Stall noch beim Satteln nach Menschen oder anderen Pferden schlagen. Sie hatten ruhig zu stehen, wenn sie aufgehalftert, aufgezäumt oder gesattelt wurden und durften weder auf dem Trail noch in der Reitbahn, wenn sie Lektionen ausführten, nach anderen Pferden ausschlagen. Außerdem hatten sie die Strecke vom Anbindebalken zum Stall, wenn sie gefüttert oder abgesattelt wurden, im Schritt zurückzulegen.

Es stellte sich schnell heraus, dass es ziemlich einfach und sehr effektiv war, diese Regeln ohne Gewaltanwendung, mit leisem Nachdruck, durchzusetzen. Wenn ein Pferd Anstalten machte, jemanden umzurennen, wurde es zum Ausgangspunkt zurückgebracht und dort angebunden. Es kam nicht oft vor, aber wenn, dann meist am Ende des Tages auf dem Weg in den Stall. Das Pferd, das es so eilig gehabt hatte, den Sattel loszuwerden, stand schließlich als Letztes immer noch gesattelt da. Am nächsten Tag marschierte das Pferd meist sehr manierlich zum Stall zurück.

Wenn ein Pferd im Stall zu schlagen drohte, holte der Wrangler es heraus, sodass es nicht zu Ende fressen konnte. Das Schlagen hörte in der Regel sehr schnell auf. Pferde, die beim Satteln nicht still standen, wurden draußen angebunden, bis die ganze Herde gefressen hatte und gesattelt war. Erst dann wurden auch sie gesattelt.

Wenn ein Pferd auf dem Trail oder in der Reitbahn anfing auszuschlagen, ließen wir es zuerst vom Tierarzt,

Chiropraktiker und Schmied untersuchen, um sicherzuge-
hen, dass es körperlich in der Lage war zu arbeiten. Lag ein
Problem vor – was in neun von zehn Fällen zutraf –, wurde
daran gearbeitet. Wenn es nichts mit Rückenproblemen zu
tun hatte, suchten wir nach anderen Gründen, so zum Beispiel, dass das Pferd hinter ihnen auf der Weide ihr
schlimmster Feind war. In den meisten Fällen genügte es,
die Reihenfolge, in der die Pferde gingen, zu ändern, um das
Problem zu beseitigen.

Eines der interessantesten Dinge, die wir unseren
Pferden beibrachten, war, zur Mittagszeit allein in den Stall
zurückzugehen. Nachdem sie dies begriffen hatten, machten wir es am Ende des Tages, wenn die Pferde abgesattelt
wurden, genauso. Diese Idee kam uns, kurz nachdem ich
meine Stelle angetreten hatte. Die Pferde wurden dreimal
am Tag gefüttert: morgens im Stall, mittags im Stall und am
Ende des Tages auf der Koppel. Die zwei Rationen im Stall
bestanden aus einem Getreide ähnlichen Ergänzungsfutter,
auf der Koppel wurde Heu vorgelegt.

Zu Anfang führten wir jeweils zwei Pferde vom Anbin-
debalken ca. zwanzig Meter bis in den Stall. Das war sehr
zeitaufwändig und erforderte fast die gesamte Mannschaft.
Nach ein oder zwei Jahren hatte einer der Wrangler die Idee,
die Pferde allein vom Balken in den Stall gehen zu lassen.
Auf diese Weise würden wir zum Füttern nur noch zwei
Leute brauchen, einen, der sie losband, und einen, der sie am
Stall in Empfang nahm und in einen Fressstand führte.

Das Problem bestand darin, die Pferde dazu zu bringen, dass sie allein *gingen*, im Schritt. Um Mittag hatten die
Pferde nicht nur Hunger, sie wussten auch, dass Kraftfutter
auf sie wartete, was ihren Stalldrang nur noch steigerte.
Warum sollten sie Schritt gehen, wenn keiner da war, der sie
bremsen konnte? Wir wollten nicht nur etwas von ihnen,
was sie noch nie getan hatten, wir wollten auch, dass sie den

natürlichen Drang, so schnell wie möglich an ihr Futter zu kommen, unterdrückten.

Wir dachten eine Weile darüber nach und kamen auf eine Idee. Wenn wir unser Ziel – die Pferde beim Lernen zu unterstützen, anstatt bestimmte Dinge einfach von ihnen zu verlangen – nicht aufgeben wollten, mussten wir ihnen zeigen, was wir von ihnen erwarteten. Als wir also anfingen, der Herde den Vorgang klar zu machen, bestand der Plan darin, die ersten drei oder vier Pferde wie gewohnt zum Stall zu führen. Dann würden wir ein Pferd nach dem anderen losbinden. Jedes Pferd, das im Schritt zum Stall ging, durfte hinein und bekam seine Mittagsmahlzeit. Jedes Pferd, das sich schneller als im Schritt bewegte, wurde am Stalleingang abgefangen und draußen angebunden. Das war die einzige Abschreckung, die wir zu benutzen gedachten.

Nach den ersten drei oder vier Pferden, die geführt wurden, trabten oder galoppierten die nächsten paar alle zum Stall, wurden abgefangen und angebunden. Das nächste Pferd war ein alter Wallach, der nie irgendwohin rannte und sich auch Zeit ließ, in den Stall zu kommen. Er durfte hinein. Das nächste Pferd trabte und wurde angebunden. Das Pferd danach hatte aufgepasst, ging im Schritt zum Stall und wurde hineingelassen. Von den etwa fünfzig Pferden, die wir an jenem ersten Tag los ließen, schaffte es nur ungefähr ein Drittel in den Stall. Am Tag danach waren es etwas über die Hälfte und am fünften Tag gingen fast alle im Schritt in den Stall. In weniger als einer Woche hatten alle fünfzig das System begriffen und wussten, dass sie nur an ihr Futter kamen, wenn sie sich benahmen.

Das Spannende daran war weniger, dass wir unser Ziel ohne jede High-Tech-Trainingstechnik und ohne Anwendung von körperlicher Gewalt in so kurzer Zeit erreicht hatten. Nein, das Interessanteste war für mich, dass die Pferde, die wegen ihrer Eile angebunden wurden, ganz offensichtlich sehr genau beobachteten, was mit den anderen geschah. Sie sahen, dass manche hineindurften und andere nicht. Innerhalb kurzer Zeit hatten sie sich alle ausgerechnet, was sie tun mussten, um unter denen zu sein, die hineindurften. Sie waren selbst darauf gekommen und hatten dann einen Entschluss gefasst, was auf Dauer das Beste für sie war. So hatten sie ohne große Einmischung unsererseits gut von schlecht unterscheiden gelernt.

Wenn ich das, was wir mit unseren Pferden machten, in Worte fassen wollte, würde ich vermutlich sagen, dass wir einfach versuchten, einen Weg zu finden, mit unseren Pferden auszukommen, ohne sie ständig herumkommandieren und hart anfassen zu müssen. Wir wollten eine Partnerschaft erreichen, nicht nur zwischen uns und unseren Pferden, sondern auch zwischen unseren Pferden und jedem Gast, der zufällig im Sattel saß. Das war ein hoch gestecktes Ziel, aber ich denke, wir sind ihm so nahe gekommen, wie es nur möglich ist.

Am Ende hatten wir unser Ziel erreicht: Unsere Pferde waren rittig und arbeiteten tagein, tagaus willig mit, von Ende Mai bis Mitte September, und das nicht nur eine Saison, sondern mehrere in Folge. Und nicht nur das – jedes Pferd verkraftete pro Saison im Schnitt 150 verschiedene Reiter aller Größen und Formen und auf jedem erdenklichen Ausbildungsstand. Trotz dieser Anzahl von Reitern ging jedes Pferd unter dem letzten Reiter im September immer noch genauso rittig wie für den ersten im Mai.

Erwähnen sollte ich außerdem, dass unsere Pferde zwar als Mietpferde für Wanderritte galten, genau genommen aber viel mehr taten, als Kopf an Schwanz Leute Bergpfade auf und ab zu tragen. Außer den regulären Trailritten

für unerfahrene Reiter, die im Schritt stattfanden, boten wir auch geführte Ritte für mittlere bis fortgeschrittene Reiter an, die streckenweise auch kontrollierten Trab oder Galopp beinhalteten. Wir gaben Reitunterricht für Leute, die nie zuvor ein Pferd aus der Nähe gesehen hatten, aber auch für solche, die nicht nur zu Hause ein eigenes Pferd besaßen, sondern damit auch an Wettbewerben teilnahmen. Wir brachten sogar ein paar Dressurreitern auf mittlerem Ausbildungsniveau bei, unsere selbst ausgebildeten Sportpferde „Western" zu reiten. Sie vollführten Stops aus dem Galopp ohne Zügel, Rollbacks ohne Schenkelhilfen und

makellose Übergänge mit nahezu unmerklichen Gewichts-
verlagerungen. Dann ritten sie aus dem Reitplatz heraus
und auf einen zweistündigen Trailritt, und die Pferde machten nicht einen falschen Schritt.

Unsere Pferde blieben nicht nur von einem Jahr zum
anderen und von einem Reiter zum anderen rittig und willig, es stellte sich auch heraus, dass wir, nachdem wir erst
einmal ihr Vertrauen gewonnen hatten, ein paar zusätzliche
positive Verhaltensweisen als Bonus erhielten. So kamen
zum Beispiel ein paar Pferde zu uns, die ganz entschieden
etwas gegen Regenumhänge hatten. Wir dachten daran, sie
an den Anblick und das Geräusch eines Regenumhangs zu
gewöhnen, indem wir sie damit aussackten, aber dann
beschlossen wir, es für den Anfang dabei zu belassen, bis sie
sich an die Umgebung und die Leute gewöhnt hatten. Nachdem sie eine Weile im Programm mitgelaufen waren, konnten wir sehen, dass sie anfingen, Vertrauen zu fassen und
sich bei uns wohl zu fühlen. Das war der Zeitpunkt, an dem
wir beschlossen, sie mit dem Regenumhang vertraut zu
machen. Zu unserer Überraschung akzeptierten sie ihn,
nach einem ersten Seitenblick auf den auseinander gefalte-
nen Regenumhang, als ob das nie ein besonderes Thema
gewesen wäre.

Das Gleiche erlebten wir mit ein paar Pferden, die mit
einer Scheu vor Wasser zu uns kamen. Hatten sie erst einmal Vertrauen gefasst, nahmen wir sie hinunter zu unserem
flachen Teich, ließen sie sich die Sache ein paar Minuten
betrachten, und oft gingen sie dann ohne das mindeste
Zögern einfach hinein. Wir hatten Pferde, die dafür bekannt
waren, sich schwer einfangen zu lassen. Plötzlich hatten sie
nichts mehr dagegen, dass Leute an sie herangingen, und
andere, die sich früher nicht hatten verladen lassen, mar-
schierten jetzt ohne Widerstand in den Hänger. Ich weiß, das
klingt zu einfach, aber es war einfach. Um ehrlich zu sein: Es

war oft so einfach, dass es alle Beteiligten überraschte, wenn so etwas passierte. Offen gesagt überraschte es mich auch.

Bevor jetzt jemand etwas falsch versteht, sollte ich vermutlich darauf hinweisen, dass das nicht heißen soll, dass eine gute, solide Ausbildung überflüssig wird, wenn man nur das Vertrauen des Pferdes gewinnt. Das soll es ganz und gar nicht heißen. Ich will damit nur sagen, dass die Willigkeit, mit der unsere Pferde alles, was wir ihnen irgendwann vorsetzten, akzeptierten, deutlich und zweifellos zunahm. Demzufolge kam es nicht sehr darauf an, welche Technik oder Methode wir bei der Ausbildung selbst einsetzten, solange wir das Ganze nur mit der richtigen Einstellung angingen.

Unsere Einstellung besagte, dass wir konsequent sein würden, unseren Pferden keine Schmerzen zufügen würden und es uns egal war, wie lange sie brauchten, um das zu verstehen, was wir ihnen zu zeigen versuchten. Das Ulkige daran war, dass alles umso schneller zu gehen schien, je mehr wir uns den Pferden mit der Einstellung näherten „ist mir egal, wie lange es dauert". Dies, zusammen mit der Tatsache, dass wir durch die Art unseres Umgangs mit ihnen bereits ihr Vertrauen gewonnen hatten, machte meistens selbst die schwierigsten Ausbildungsaufgaben weniger schwierig. Weil die Pferde unserem Urteil vertrauten, fiel es ihnen leichter, das zu akzeptieren, was wir ihnen in der Ausbildung zeigten, und das Ergebnis war, dass wir viel weniger Auseinandersetzungen durchzufechten hatten.

Ich will hier niemand etwas vormachen. Was wir auf der Ranch taten, verlangte sehr viel Zeit, Mühe und Engagement. Das Ganze konnte in so großem Umfang nur funktionieren, wenn jeder die gleiche Einstellung und das gleiche Ziel hatte. Aufgrund unseres Engagements und unserer Beständigkeit im Umgang mit unseren Pferden (und miteinander, nicht zu vergessen) konnten wir, denke ich, den

Pferden das verlässliche Umfeld bieten, das sie für ihre tägliche Arbeit brauchten, und diese Arbeit so stressfrei wie nur möglich halten. Diese Verlässlichkeit drückte sich in einem so ziemlich unerschütterlichen Vertrauen zwischen uns und unseren Pferden aus, das sich in der Leistung widerspiegelte, die sie jeden Tag für uns erbrachten. Da wir uns in ihren Augen als Menschen erwiesen hatten, denen sie vertrauen konnten, fiel es ihnen leicht, in uns die Führer zu sehen, denen sie aus freien Stücken folgen konnten – und würden –, anstatt dass sie gezwungen wurden zu folgen.

Seit ich von der Ranch weg bin, ziehe ich durch die Welt und gebe überall Kurse und Seminare. Auf diesen Reisen hat sich eines herausgestellt: Die Fragen, die mir in Bezug auf Pferde gestellt werden, fallen in eine von zwei Kategorien. Die erste lautet in etwa: „Was kann ich machen, damit mein Pferd besser auf mich reagiert?" Mit anderen Worten, welche Technik kann ich anwenden, um dieses Ziel zu erreichen? Die zweite lautet: „Wie kann ich die Beziehung zu meinem Pferd verbessern, damit es gern für mich arbeitet?"

Im Allgemeinen scheinen Leute, die Fragen der ersten Kategorie stellen, nach oberflächlichen Lösungen zu suchen und sind nicht wirklich daran interessiert, was im Inneren ihres Pferdes vorgeht. Sie wollen nicht unbedingt wissen, wie das Pferd die Situation wahrnimmt, sondern sie wollen vor allem das erzielen, was sie als angemessene Reaktion des Pferdes betrachten. Leider erzielt man mit einer Ausbildung ohne Gefühl nur eine Art mechanischer Reaktion des Pferdes. Da weder hinter dem gegebenen Signal noch der darauf erfolgenden Reaktion irgendein Gefühl steckt, fällt die Reaktion selten beständig aus. Das haben diese Leute meistens auch schon festgestellt, aber sie verstehen nicht ganz, dass der Grund für das unbeständige Verhalten ihres Pferdes in der Art liegt, wie sie mit dem Pferd gearbeitet haben. Sie haben sich so sehr auf „Signale" verlassen, dass das Gefühl zwischen ihnen und ihren Pferden praktisch auf der Strecke geblieben ist.

Die Menschen, die die zweite Art von Fragen stellen, suchen dagegen nach mehr. Es sind die, die nach der Verbindung zwischen sich und dem Pferd suchen, die alles andere möglich macht. Das sind, meiner Meinung nach, die Leute, die auf einer beständigen Basis Übergänge „ohne Hilfen", Sliding Stops und makellose Spins erhalten, weil sie sich nicht auf Signale verlassen, sondern auf ihr Gefühl, das Gefühl zwischen ihnen und ihrem Pferd.

Mir scheint aber, dass sie, bevor sie dieses Gefühl zwischen sich und ihrem Pferd erreichen können, erst eine Art von Beziehung zu ihrem Pferd haben müssen, die auf Vertrauen basiert. Nach meiner Erfahrung ist die beste Methode, diese Art von Vertrauen zu schaffen, mit den Pferden Tag für Tag konsequent so unaufgeregt und „leise" wie nur möglich umzugehen. Natürlich heißt das nicht, dass die Pferde das Sagen haben, es heißt aber, dass wir unseren Pferden Dinge so präsentieren, dass sie sie leicht verstehen können, und nicht die Geduld verlieren, wenn sie Schwierigkeiten damit haben.

Einmal brachte mir ein Mann ein Pferd, das er nicht angaloppieren konnte. Es war ein Gangpferd, vermutlich sehr gut ausgebildet, das, soweit wir sehen konnten, über mehr als zwanzig verschiedene Gänge verfügte. Wenn das Pferd ging, bewegte es seine Füße auf so viele verschiedene Arten und Weisen, dass man oft kaum eine Gangart von der anderen oder sogar ein Tempo innerhalb einer Gangart von einem anderen unterscheiden konnte. Das Pferd war für den Besitzer noch verhältnismäßig neu – er hatte es erst seit sechs Monaten –, aber es ging schon deutlich bergab mit den beiden. Da es dem Mann schwer fiel, das Pferd in den Galopp zu bringen, waren seine Hilfen immer nachdrücklicher geworden, und schließlich hatte er sogar Sporen getragen. Nichts hatte geholfen.

Als ich Gelegenheit hatte, mit den beiden zu arbeiten, war das Pferd schon extrem in der Defensive und der Mann fast am Ende seiner Geduld. Schon als er aufsaß, war klar, dass zwischen den beiden sehr wenig Vertrauen bestand. Sie schienen sogar eher gegeneinander als miteinander zu arbeiten. Sie drehten ein oder zwei Runden um den Platz, wobei der Mann das Pferd ständig mit den Absätzen malträtierte und mit den Zügeln schlug, das Pferd die Ohren anlegte und fast die ganze Zeit die Hinterhand hoch warf. Dann fragte ich, ob ich das Pferd reiten könnte. Mit einem Seufzer der Erleichterung erklärte sich der Mann einverstanden.

Nach einer halben Runde war mir klar, warum es für seinen Besitzer so frustrierend war, dieses Pferd zu reiten. Es stellte sich heraus, dass der Wallach sich verhielt wie ein PS-starker Sportwagen mit rutschender Kupplung. Die kleinste Gewichtsverlagerung im Sattel genügte, damit er das Tempo veränderte. Noch die winzigste Schenkelhilfe resultierte in einem Wechsel der Gangart, aber es war eine sehr schnelle Abfolge von Wechseln, von denen ich keinen einzigen gewollt hatte. Seine Sensibilität dem Reiter gegenüber war verblüffend, aber für ihn musste es sehr frustrierend sein, dass ihm all seine Bemühungen, das seiner Meinung nach Richtige zu tun, nur immer noch mehr Druck und dauernde Bestrafungen eintrugen.

Ich ließ das Pferd eine Runde oder zwei vor sich hin traben, um ein Gefühl dafür zu bekommen, was los war. Dann wollte ich ihn mit einem leichten Druck der Absätze angaloppieren. Die einzige Antwort, die ich darauf erhielt, war eine schnellere Version der jeweiligen Gangart, in der er sich gerade befand. Je länger ich ritt und je mehr Signale ich gab, umso klarer wurde mir, dass alles, was ich tat, und ich meine wirklich alles, für mich eine Bedeutung hatte und für das Pferd eine vollständig andere.

Ich war der Meinung, eine Gewichtsverlagerung kombiniert mit etwas Bein solle heißen, dass er von einer Gangart in die nächste übergehen solle. Für ihn hieß es, dass er innerhalb der Gangart das Tempo erhöhen sollte. Mir begann zu dämmern, dass wir nicht versuchen sollten, ihm zu zeigen, wie er auf uns reagieren sollte. Er wusste bereits, was er tun sollte – wir wussten nur nicht, wie wir ihn abfragen mussten.

Also gingen wir zurück und packten die Sache anders an. Anstatt eine Hilfe zu geben und eine bestimmte Antwort zu erwarten, gaben wir eine Hilfe und akzeptierten die jeweilige Antwort, die wir darauf erhielten. Auf diese Art konnte das Pferd uns sagen, was ein bestimmtes Signal für es bedeutete, und wir konnten das gegenseitige Rätselraten beenden. Innerhalb von etwa dreißig Minuten hatten wir den Unterschied in den Signalen herausgefunden, die eine Erhöhung des Tempos innerhalb einer Gangart bedeuteten, einen Wechsel der Fußfolge innerhalb der Gangart und den Übergang von einer Gangart zur nächsten. Die meisten dieser Signale bestanden in nicht mehr als einer Gewichtsverlagerung und dem Anheben eines Zügels oder beider Zügel – viel weniger, als alles, was der Besitzer und ich anfangs gemacht hatten.

Nachdem allen Beteiligten die entsprechenden Signale klar waren, ließen sich die Aufgaben, die wir im Sinn hatten, viel leichter lösen. Nachdem wir fünfundvierzig Minuten die Signalgebung geübt und auf die Antworten geachtet hatten, um absolut sicher zu gehen, dass wir uns „auf derselben Wellenlänge" befanden, gaben wir die Hilfen, von denen wir annahmen, dass sie „Galopp" bedeuteten. Das

Signal bestand in nicht mehr als einem Anheben der Zügel und einem leisen Schnalzen.

Einfach so glitt das Pferd in den wundervollsten Galopp, den man sich vorstellen kann. Kein Schweifschlagen, keine angelegten Ohren, keine hochgeworfene Hinterhand, nur ein schöner, ruhiger Übergang als Antwort auf ein schönes, ruhiges Signal. Weniger als fünfzehn Minuten nach diesem ersten Übergang konnten wir die Signale so weit vermindern, dass wir nicht einmal mehr zu schnalzen brauchten. Ein sanftes Anheben der Zügel war alles, was es brauchte. Ein paar Minuten später konnten wir auch das Anheben vermindern. Angefangen hatten wir damit, die Zügel etwa fünfundzwanzig Zentimeter anzuheben, dann waren es nur noch fünfzehn und zum Schluss ganze zwei oder drei. Und das alles in weniger als eineinhalb Stunden, nachdem wir angefangen hatten.

Wie man sieht, hatten wir nur auf das zu hören brauchen, was das Pferd uns zu sagen hatte. Es wusste schon, was dazu gehörte und brauchte nur eine Gelegenheit, es uns zu zeigen. In diesem Fall mussten wir erst bereit sein zu folgen, bevor wir aufsteigen und führen konnten.

Im Laufe der Jahre habe ich einen sehr deutlichen Unterschied bemerkt zwischen den Pferden, die uns aus freien Stücken zum Führer wählten, und solchen, die gezwungen wurden zu folgen. Der Unterschied ist greifbar. Jedes Pferd, mit dem ich zu tun hatte, das seinem Besitzer vertraute, war immer bereit, für seinen Besitzer das Unmögliche möglich zu machen. Das Pferd war immer da, wenn es gebraucht wurde, und ließ seinen Besitzer selten bis nie im Stich. Pferde, die zur Unterwerfung gezwungen wurden, geben dagegen gerade so viel nach, wie die Aufgabe verlangt – nicht mehr. Wenn sich die Gelegenheit bietet, machen sie sich kein Gewissen daraus, ihren Besitzer im Stich zu lassen, wenn er sie am nötigsten bräuchte.

Ich glaube, der einzige Weg, ein Pferd dazu zu bringen, uns als Führer anzuerkennen, besteht darin, dass wir dem Pferd unsere Zuverlässigkeit zeigen. Wie wir das machen, bleibt uns überlassen. Ob das Pferd sich entschließt, uns auszuwählen, bleibt allein ihm überlassen.

DIE ENTSCHEIDENDE VERBINDUNG, ODER: WARUM TECHNIK OHNE GEFÜHL IN DIE IRRE FÜHRT

Die Frau hatte mich vor ein paar Tagen angerufen und gefragt, ob ich herkommen und mir ihr Pferd ansehen könnte. Seit ein paar Monaten wurde das Pferd, ein fünfjähriger Wallach, den sie seit drei Jahren besaß, immer unwilliger, wenn sie etwas von ihm wollte. Selbst auf die einfachsten Anforderungen antwortete er mit Kopfschütteln, Aufstampfen und ständig schlagendem Schweif. Er ließ sich auch nur noch schwer einfangen. Da sich das Verhalten von Tag zu Tag verschlechterte, hatte sie beschlossen, etwas zu unternehmen, bevor sie total die Kontrolle verlor.

Als ich die Einfahrt hochfuhr, konnte ich sehen, wie die Frau den Wallach von einem Paddock hinter dem Haus zu einem schmalen Anbindebalken neben einem ein paar Meter entfernten ziemlich neuen Roundpen führte. Der Wallach, ein hübscher Palomino, ging ruhig einen halben Meter hinter der Frau her, den Kopf gesenkt, die Augen weich, mit einem entspannten Gesamtausdruck. Plötzlich, und ohne für mich erkennbaren Grund, drehte sich die Frau um und begann heftig den Führstrick zu schütteln. Der Strick war mit einem schweren Karabinerhaken am Halfter befestigt, und jedesmal wenn sie den Strick schüttelte, schwang der Haken hoch und schlug dem Wallach gegen den Unterkiefer. Er riss den Kopf hoch, die Augen wurden größer, der Körper versteifte sich, und er begann mit Tempo rückwärts zu rennen.

Er rannte vielleicht zwei oder drei Meter rückwärts, bevor die Frau aufhörte, den Strick zu schütteln, aber der schwere Karabinerhaken war immer noch in Bewegung und schlug ihm ein letztes Mal gegen den Kiefer. Das brachte einen weiteren halben oder ganzen Meter rückwärts ein, bevor das Pferd anhielt. Sein Kopf blieb hoch erhoben, die Augen waren aufgerissen, aber die Frau drehte sich ohne Zögern wieder um und ging vorwärts. Der Wallach folgte, aber diesmal war er sehr viel gespannter und seine Schritte waren zögerlich.

Nachdem sie ein paar Meter zurückgelegt hatten, sah ich das erste Anzeichen für das Verhalten, das die Frau am Telefon beschrieben hatte. Das Pferd schüttelte plötzlich den Kopf und schlug mit dem Schweif. Die Frau schien es jedoch nicht zu bemerken. Sie ging zum Anbindebalken, band den Wallach fest und drehte sich zu mir um, während ich herankam.

Ein paar Minuten standen wir da und unterhielten uns. Sie erklärte mir ausführlicher, was sie in den vergangenen drei Jahren mit dem Pferd gemacht hatte. Sie hatte mehrere Kurse mit ihm besucht und viele Bodenarbeit-Techniken gelernt sowie reiterliche Impulse zur Förderung des Schwungs erhalten. Wie sie berichtete, hatte sie sich streng an die Techniken gehalten, und zuerst hatte alles ganz wunderbar geklappt. Mit der Zeit aber hatte sie bemerkt, dass das Pferd jedesmal „sauer" reagierte, wenn sie eine der Techniken anwandte. Besonders machte ihr zu schaffen, dass er bei der Bodenarbeit immer unglücklicher wurde. Auf den Kursen war immer wieder auf die Bedeutung der „richtigen" Bodenarbeit hingewiesen worden, und da sie im Zusammenhang damit stehen sollte, dem Pferd Respekt beizubringen, befürchtete sie nun, dass das „saure"

Verhalten ihres Pferdes ein Zeichen dafür war, dass sie etwas falsch machte.

Ich bat sie, mir zu zeigen, was sie mit dem Pferd gemacht hatte und worin genau das Verhalten bestand, das ihr Sorgen machte. Sie war sofort einverstanden, ging hinüber, band den Wallach los und führte ihn in Richtung Roundpen. Sie waren erst ein paar Schritte unterwegs, als sie sich umdrehte und anfing den Strick zu schütteln. Das Pferd begann sofort, mit hochgerissenem Kopf rückwärts zu laufen.

„Darf ich fragen, warum Sie das gemacht haben?", fragte ich, als sie aufhörte, den Strick zu schütteln.

„Was gemacht habe?", fragte sie, während das Pferd den Kopf schüttelte.

„Warum Sie den Strick so geschüttelt haben."

„Oh", nickte sie. „Er kam mir zu nah, und wenn er das macht, soll ich ihn auf diese Weise rückwärtsrichten."

Sie schüttelte demonstrativ den Führstrick, und das Pferd reagierte, indem es den Kopf hochriss und einige Schritte rückwärts ging.

„Das ist okay", sagte ich. „Sie brauchen es mir nicht zu zeigen."

„Stimmt etwas nicht damit, ihn so rückwärtszurichten?", fragte sie.

Das Pferd hatte allmählich den Kopf gesenkt, während sie sprach, aber sie schüttelte wieder ganz leicht den Strick. Der Karabinerhaken flog hoch, schlug dem Wallach gegen den Kiefer, und er hob den Kopf und ging einen Schritt zurück.

„Nicht unbedingt", antwortete ich achselzuckend. „Wie nah muss er herankommen, bis Sie es „zu nah" finden?"

„Oh, weiß ich nicht." Sie drehte sich um und sah das Pferd an. „Unterschiedlich, nehme ich an. Manchmal macht es mir nichts aus, wenn er dicht bei mir ist, und manchmal habe ich ihn lieber ein bisschen weiter weg."

„So ist das also", nickte ich. „Und woher weiß er den

Unterschied, ob es in Ordnung ist, nahe heranzukommen, oder nicht?"

„Wenn ich den Führstrick schüttle, ist er zu nah", sagte sie. „So weiß er Bescheid."

„Sie lassen ihn also erst den Fehler machen und korrigieren ihn dann?", wollte ich wissen.

„So könnte man es vermutlich nennen", antwortete sie.

„Müssen Sie ihn viel korrigieren?"

Das Pferd senkte langsam den Kopf, als ob es sich entspannte. Während sie über die Frage nachdachte, schüttelte die Frau leicht den Führstrick. Der Pferdekopf fuhr wieder hoch, der Wallach stampfte auf und schlug mit dem Schweif.

„Nein, nicht sehr viel, würde ich sagen", meinte sie und schüttelte langsam den Kopf.

„Gut", nickte ich. „Warum gehen wir nicht mal in den Roundpen, und Sie zeigen mir, was Sie für Probleme haben?"

Damit gingen wir hinüber zum Roundpen und ich öffnete das Tor für sie, damit sie vor mir hineingehen konnten. Kurz vor dem Eingang allerdings blieb die Frau stehen, zeigte darauf und begann, den Führstrick leicht in Richtung Pferdekruppe zu schwingen. Das Pferd stieß hart die Luft aus, schlug mit dem Schweif und ging durch das Tor in den Roundpen.

„Warum haben Sie das gemacht?", fragte ich.

„Was?", fragte sie zurück, während das Pferd das Ende des Stricks erreichte, sodass es sich umdrehen musste und sie wieder ansah.

„Warum haben Sie ihn als Ersten durch den Eingang geschickt?"

„Damit er weiß, wer hier das Sagen hat." Sie war immer noch nicht mit in den Roundpen hineingegangen, was so aussah, als ob sie wollte, dass das Pferd zurück käme. Es zögerte ein paar Sekunden und ging dann langsam auf sie zu. Ihre Antwort war, den Strick zu schütteln.

„Er sollte einfach da hingehen, wohin ich ihm sage. So weiß er, wer das Sagen hat."

Das Pferd schüttelte den Kopf, stampfte mit dem rechten Vorderfuß und schlug mit dem Schweif. Sie schüttelte wieder den Führstrick und ließ ihn weiter rückwärts gehen. Diesmal folgte sie ihm durch das Tor, drehte sich um und führte ihn zum Mittelpunkt. Ich ging ebenfalls hinein und schloss das Tor hinter mir.

„Okay", sagte sie. „Was möchten Sie zuerst sehen?"

„Am besten fangen wir mit dem Anfang an", sagte ich. „Warum machen Sie nicht einfach das, was Sie normalerweise machen?"

Sie nickte, zeigte nach links und begann den Führstrick in Richtung auf die Pferdehüfte in schwingende Bewegung zu versetzen. Das Pferd ging nach außen, so weit es der vier Meter lange Führstrick erlaubte, und trabte an, aber nicht ohne den Kopf zu schütteln und mit dem Schweif zu schlagen. Die Frau stand in der Mitte, und das Pferd trabte um sie herum. Nach gerade mal zwei Runden zog sie ein wenig am Strick, was das Pferd veranlasste, sich ihr zuzuwenden und sich auf sie zu zubewegen. Sie schüttelte den Strick und scheuchte ihn damit wieder von sich weg. Das Pferd schüttelte den Kopf. Sie ließ ihn ein paar Sekunden still stehen, zeigte dann nach rechts und wiederholte die Prozedur rechtsherum. Wieder zog sie nach ein paar Runden am Strick und er versuchte hereinzukommen, aber sie schüttelte den Strick und hielt das Pferd von sich weg. Es schüttelte den Kopf und schlug mit dem Schweif.

„Sehen Sie?", sagte sie. „Das ist es, was ich meine."

„Verstehe", nickte ich. „Was können Sie mir sonst noch zeigen?"

„Es fällt ihm schwer, mit der Hinterhand zu weichen", sagte sie, ging zur Kruppe und berührte ihn mit der Hand leicht an der Hüfte. Sofort trat er seitwärts, von ihr weg, schlug dabei aber die ganze Zeit mit dem Schweif.

„Sehen Sie, was ich meine? Es regt ihn richtig auf."

Sie ging nach vorn, zielte mit beiden Zeigefingern auf seinen Hals, als wären es Pistolen, und schüttelte sie.

„Mit der Vorhand geht es auch nicht viel besser", sagte sie, wobei sie weiter ihre Finger schüttelte und auf das Pferd zuging, das sich von ihr wegbewegte. Wieder schlug es mit dem Schweif, fügte diesmal aber noch ein ziemlich heftiges Kopfschütteln hinzu.

„Sehen Sie, was ich meine?"

„Wie oft lassen Sie ihn diese Übungen machen?", fragte ich.

„Weiß ich nicht", antwortete sie. „Vermutlich jedesmal, wenn ich mit ihm arbeite. Ich habe versucht, dass er sie ohne diese negative Einstellung macht, aber es wird immer schlimmer statt besser."

Sie zeigte mir noch ein paar andere Bodenarbeit-Übungen, die sie ihm beigebracht hatte, und die von dem Pferd mit ähnlichen Reaktionen beantwortet wurden. Meistens führte der Wallach aus, was sie von ihm wollte, aber immer unter einer Art leichtem Protest.

Aus meiner Sicht hatte der Wallach ganz klar die Nase voll von all diesen Kinkerlitzchen, die von ihm verlangt wurden. Es war nicht so, dass er sie nicht ausgeführt hätte. Er tat, was man von ihm verlangte, aber die meisten dieser Aufgaben schienen überhaupt keinen Sinn zu ergeben. Er konnte nicht verstehen, warum er dauernd Dinge tun sollte, die er nicht nur bereits konnte, sondern die auch keinem besonderen Zweck zu dienen schienen.

Warum zum Beispiel sollte er immer und immer wieder mit der Hinterhand weichen, wenn er das bereits beherrschte? Für uns wäre das, als ob wir einen Graben ausheben sollten, nur damit man ihn wieder zufüllen konnte.

Dass wir mit einer Schaufel umgehen können, bedeutet nicht, dass wir jedesmal wieder mit Begeisterung ein Loch in den Hof graben, wenn es irgendjemand einfällt, es von uns zu verlangen. Es müsste schon ein verflixt guter Grund vorliegen, damit wir so viel Energie darauf verwenden würden. Warum sollte es für das Pferd nicht ähnlich sein?

Nachdem sie mir zwanzig Minuten lang alle Übungen vorgeführt hatte, mit denen der Wallach Probleme zu haben schien, fragte die Frau, wie man nach meinem Dafürhalten all diese Kopfschüttelei, das Schweifschlagen und Aufstampfen am besten abstellen könnte. Sie schien echt überrascht, als ich sagte, der beste Weg, die Probleme zu beseitigen, schiene mir, diese Übungen einfach nicht mehr von ihm zu verlangen.

„Also", fragte sie einigermaßen verwirrt, „ich soll einfach aufhören damit, dass er auf Druck weichen soll?"

„Das habe ich nicht gesagt", antwortete ich. „Gesagt habe ich, dass ich ihn nicht *unnötig* dem Druck weichen lassen würde. Das ist ein Unterschied."

„Verstehe", nickte sie. „Und was sollte ich stattdessen machen?"

„Was meinen Sie?"

„Was sollte ich tun, damit er seine Einstellung aufgibt?"

Darüber musste ich ein paar Minuten nachdenken. Sehen Sie, ich hatte gedacht, ich hätte mich ziemlich klar ausgedrückt: dass meinem Gefühl nach die negative Einstellung verschwinden würde, wenn er keine zwecklosen Aufgaben mehr ausführen musste. Was ich bald verstehen sollte, war, dass die Frau nur zu bereit war, die Techniken aufzugeben, die sie zur Ausführung verschiedener Übungen anwandte – vorausgesetzt, ich konnte mit einer Ersatztechnik dienen, mit der sie das Problem in den Griff bekam. Mit anderen Worten, sie konnte nicht verstehen, wie ihr

Pferd etwas lernen konnte, ohne dass sie es ihm zuerst beigebracht hätte. Sie dachte, der Wallach könnte seine Einstellung nur ändern, wenn sie zuvor etwas *tat*, damit er lernte, sie zu ändern.

„Das Einzige, was Sie tun müssen, damit er seine Einstellung ändert", wiederholte ich, „ist, keine unnötigen Dinge mehr von ihm zu verlangen. Dann wird er seine negative Einstellung von allein aufgeben."

Sie schien immer noch etwas verwirrt, also erklärte ich weiter, dass unsere Pferde manchmal etwas die Geduld mit uns verlieren, wenn wir ihnen ständig Übungen abverlangeln, die sie schon längst beherrschen. Es ist ein bisschen wie in der Schule. In der ersten Klasse haben wir gelernt, dass eins und eins zwei ist. Nun, eins und eins ist auch in der zweiten, dritten, vierten und jeder weiteren Klasse immer noch zwei. Da wir die Antwort auf diese Frage in der ersten Klasse gelernt haben, wird sie nicht mehr gestellt. Wir wenden unsere Fähigkeit des Addierens weiterhin täglich an, aber selten bis nie werden wir noch einmal speziell gefragt, wie viel eins und eins ist. Würden wir dies Tag für Tag wieder gefragt, während wir älter werden, würden wir vermutlich eines Tages aufstehen und den Lehrer fragen, ob wir nicht mal zu etwas anderem übergehen könnten.

„Ich glaube, das hier ist dieselbe Situation", erklärte ich ihr. „Vielleicht versucht er Ihnen nur zu sagen, dass er weiß, wie viel eins und eins ist, und dass es Zeit ist, sich etwas anderes vorzunehmen."

„Vergisst er dann nicht, dass er auf Druck weichen soll?", fragte sie.

„Ich glaube nicht, dass er das je vergisst", antwortete ich lächelnd. „Eher kann ich mir vorstellen, dass Sie ihn mal putzen oder satteln wollen oder etwas in der Art, und er dafür zur Seite treten soll. Sie berühren ihn an der Seite, und er wird ohne mit der Wimper zu zucken zur Seite treten. Der

Unterschied besteht darin, dass dahinter ein Zweck steht und Sie nicht einfach von ihm verlangen, seitwärts zu treten, nur so, wie Sie es jetzt tun."

„Woher sollte er den Unterschied wissen?", fragte sie, und man konnte den Unglauben deutlich heraushören.

„Ich glaube, Pferde kennen den Unterschied, ob man etwas *mit ihnen zusammen* macht oder ob etwas mit ihnen *gemacht wird*. Sie sind sehr sensibel, und zwischen diesen beiden Dingen besteht mit Sicherheit ein unterschiedliches Gefühl, das sie wahrnehmen, wenn sie Gelegenheit dazu erhalten. Ich bin sicher, wenn Sie einen Grund dafür haben, dass er etwas tun soll, wird er es für Sie tun."

Sie dachte eine Weile darüber nach, und da alles andere, was sie versucht hatte, nicht funktioniert hatte, beschloss sie, es auf einen Versuch ankommen zu lassen.

Ich erwähnte auch, dass ihr Pferd von ihrer Art, es zu führen, vielleicht etwas frustriert und verwirrt sein könnte. Ich erklärte ihr, da sie keine klaren Grenzen gezogen habe, was die akzeptable Distanz betraf, könne der Wallach nie wissen, wann er es richtig mache – die richtige Führdistanz war für ihn ein Ziel, das sich ständig veränderte. Er kam vielleicht zu nahe, ohne es zu merken, und dann wurde er damit bestraft, dass der Strick geschüttelt wurde. Sie hatte seine Fehler vorprogrammiert, weil sie ihre Erwartungen nicht konsequent ausgedrückt hatte.

Die nächsten paar Minuten arbeiteten wir daran, die beiden in Bezug auf eine akzeptable Führdistanz auf einen gemeinsamen Nenner zu bringen. So lange er mindestens einen Meter hinter ihr blieb, wenn sie ihn führte, ging sie ruhig weiter. Kam er näher, sollte sie abrupt stehen bleiben, ohne den Strick zu schütteln zu ihm hingehen und ihn mit einem leichten, anhaltenden Druck des Führstricks bis zur angemessenen Distanz rückwärtsrichten. Der Palomino begriff ziemlich schnell, welche Distanz gemeint war, und von diesem Zeitpunkt an versuchte er nicht ein Mal mehr, sie zu unterlaufen. Damit wurde das Schütteln des Stricks überflüssig und das Kopf- und Schweifschlagen hörte auf.

So einfach ist es sehr oft, wenn unsere Pferde erst einmal verstanden haben, was wir von ihnen wollen. Ich weiß nicht mehr, wie viele Leute ich erlebt habe, die sich so darauf versteift hatten, eine bestimmte Technik genau richtig zu machen, dass sie alles andere, einschließlich ihrer Pferde, aus den Augen verloren. Das Traurige daran ist, dass es meist dieselben Leute sind, die sich wirklich um eine echte Partnerschaft mit ihren Pferden bemühen. Unglückseligerweise wird diese Beziehung oft immer schlechter, je verzweifelter sie sich unter Zuhilfenahme von Techniken und Signalen darum bemühen.

Manchmal verschlimmern sich die Dinge sehr schnell, fast über Nacht, das Pferd widersetzt sich plötzlich und gelegentlich äußerst vehement auch der kleinsten Anforderung des Reiters. Meistens aber geht die Beziehung so allmählich bergab, dass der Pferdebesitzer es erst Wochen, Monate oder sogar Jahre nach den ersten Anzeichen bemerkt. Selbst dann ist es gewöhnlich nichts wirklich Greifbares. Es ist mehr so ein nagendes Gefühl, dass irgendetwas nicht richtig läuft zwischen ihm und seinem Pferd. Ist das Gefühl aber erst einmal da, dauert es meist nicht mehr lang, bis es so überwältigend wird, dass der- oder diejenige beginnt, nach Antworten zu suchen.

❖

Jo hatte über Jahre hinweg Unterricht genommen, hatte Spaß daran gehabt und ihn von einem technischen Standpunkt aus auch nützlich gefunden. Allmählich stellte sie aber fest, dass er verwirrend und widersprüchlich sein konnte, besonders wenn sie von einer Disziplin zur anderen oder von einem Ausbilder zu einem anderen wechselte. Die Dinge wurden nicht etwa klarer, sondern sie fand es zunehmend schwieriger auseinander zu halten, was für sie richtig sein könnte und was nicht.

Etwa um diese Zeit besuchte Jo mit ihrem Pferd den ersten Kurs. Er fand in der Nähe statt und wurde von einem Vertreter der *Natural Horsemanship* abgehalten, von dem sie schon gehört, den sie aber noch nicht persönlich erlebt hatte. Der Kurs öffnete ihr die Augen und veränderte die Art und Weise, wie sie ihre Pferde betrachtete und wie sie mit ihnen arbeitete. Es ging ihr weniger darum, sie in Wettbewerben vorzustellen, als vielmehr darum, mehr über das Pferd an sich zu lernen und bei der Arbeit Techniken anzuwenden, die die innere Verfassung des Pferdes berücksichtigten.

Wieder zu Hause begann sie mit einigen der neu gelernten Techniken zu experimentieren und erzielte sehr schnell sehr ansehnliche Ergebnisse. Sie wendete die Techniken nicht nur bei ihren eigenen Pferden an, sondern auch bei einigen, die ihr zur Ausbildung anvertraut wurden, ebenfalls mit sehr guten Ergebnissen. Schließlich hatte sie das Gefühl, bei ihrer Suche nach dem Puzzleteil, das ihr irgendwo, irgendwann verloren gegangen war, endlich auf dem richtigen Weg zu sein.

Nach einiger Zeit bekam Jo Lust, mit all den Dingen, die sie inzwischen gelernt hatte, ein Pferd ganz von Anfang an selbst auszubilden. Sie fand ein hübsches, zehn Monate altes Quarter Horse-Stutfohlen namens Treasure und kaufte es. Besondere Ziele verfolgte sie zu diesem Zeitpunkt damit nicht, sie wollte die kleine Stute nur von Grund auf ausbilden. Es ging ihr um die Entwicklung des jungen Pferdes und sie wollte sich überraschen lassen, wohin der Weg schlussendlich führen würde.

Jo hatte es nicht eilig und begann mit der Ausbildung in aller Ruhe. Es kam ihr mehr darauf an, alles richtig zu machen, als darauf, irgendwelche Geschwindigkeitsrekorde in der Ausbildung zu brechen. Sie ließ sich Zeit. Als Jährling lernte die kleine Stute, sich führen zu lassen, die Hufe aufzuheben, sie bearbeiten zu lassen und in den Hänger zu gehen. Sie wurde ausgesackt, mit Planen, Decken, Säcken und dergleichen, und lernte einfache Bodenarbeit kennen: über Stangen gehen und keine Angst haben vor zufällig herumstehenden Objekten wie Hindernisständern usw.

Die nächsten zwei Jahre führte sie sie von der leichten Bodenarbeit zur Arbeit im Roundpen, zum Satteln und schließlich Reiten. Als die Stute drei Jahre alt war, arbeiteten sie an der Tempokontrolle in allen drei Gangarten, an Übergängen, biegen, wenden, stoppen und rückwärtsrichten. Alles war sehr gut verlaufen, aber es wurde Zeit, die nächste Ausbildungsstufe in Angriff zu nehmen. Jo war nicht ganz sicher, wie sie aussehen sollte. Sie beschloss, mit Treasure einen Kurs zu besuchen. Der Trainer, zu dem sie anfangs gegangen war, gab immer noch die gleiche Art von Kursen, und sie hatte das Gefühl, dass sie beide alles, was dort verlangt wurde, bereits konnten. Also entschloss sie sich, zu einem anderen, nach ähnlichen Prinzipien arbeitenden Trainer zu gehen.

Auf dem Kurs lief alles bestens, und Jo hatte das Gefühl, dass sie anfing, mit der Stute die Art von Verbundenheit herzustellen, die sie als Kind Pferden gegenüber gefühlt hatte.

Als Treasure vier wurde, stellte Jo allmählich speziellere Anforderungen, aber immer noch lief alles ziemlich gut. Allerdings scheute Treasure gelegentlich vor fremden Dingen und Geräuschen, was Jo ein kleines bisschen beunruhigte. Sie dachte, nach allem, was sie Treasure gezeigt und was sie mit ihr gemacht hatte, müsste die Stute die meisten Dinge kennen und keine Angst mehr davor haben.

Das war einer der Gründe, warum sich Jo, als die Stute fünf wurde, doch wieder etwas verloren vorkam. Sie suchte jemanden, der ihr über die gelegentlichen Problemsituationen hinweghelfen konnte, und fing an, auf Kurse zu gehen.

Eine der Philosophien, die sie dabei auflas, lautete, dass das Pferd während der Ausbildung Verpflichtungen hatte und der Reiter sicherstellen musste, dass es diesen Verpflichtungen gerecht wurde. Die Kurse waren auch sehr darauf ausgerichtet, bestimmte Ziele mit den Pferden zu erreichen, und langsam, ohne es zu merken, veränderte sich Jos Fokus. Es ging ihr nicht mehr darum, ihr Pferd und seine Sicht der Dinge zu verstehen, sondern darum, die nächste Stufe der Leiter zu erklimmen.

Treasure reagierte auf Jos neue Art der Ausbildung mit gemischten Gefühlen. Manchmal war sie wunderbar weich und sensibel, manchmal aber auch widersetzlich und uninteressiert. Es kam vor, dass Treasure bei der Bodenarbeit im Roundpen von Jo weg und über den Zaun sah. In solchen Fällen wirbelte Jo mit dem Führstrick und ließ die Stute außen herumtraben. Das Wegschicken nahm überhaupt einen großen Teil der Ausbildung ein, und Jo wurde richtig gut darin. Sie schickte die Stute weg bei der Arbeit im Roundpen, sie schickte sie weg, wenn sie sie rückwärtsrichtete. Sie schickte sie weg, damit sie vorwärts ging. Sie ließ die Hinterhand weichen, indem sie sie von sich wegschickte. Dasselbe mit der Vorhand. Sie schickte die Stute weg auf den Zirkel, und wenn sie nicht schnell genug reagierte, machte sie ihr „Dampf".

Treasure fing an zu begreifen, dass dieses Verhalten von Jo nur eines bedeuten konnte – dass sie sie nicht in der Nähe haben wollte.

Obwohl sie anscheinend tatsächlich besser reagierte,

begann sie mit der Zeit aber auch Anzeichen von Frust und Desinteresse zu zeigen. Das war an vielen kleinen Dingen zu sehen, die für sich allein keine große Bedeutung hatten, zusammengenommen aber die Geschichte erzählten, wie Treasure die Situation wahr nahm.

Plötzlich war die Stute, die immer verfressen gewesen war, die letzte von Jos fünf Pferden, die zur Futterzeit von der Koppel in den Stall kam. Jo bemerkte, dass der Glanz aus den Augen der Stute zu verschwinden begann und sie sich nicht mehr auf ihre gemeinsame Arbeit zu freuen schien. Und wenn sie auf der Koppel, im Roundpen oder wo auch immer die Stute aufforderte, bei ihr zu bleiben, blieb sie zwar da, aber ohne diese Aufforderung ging sie immer weg und drehte ihr den Rücken zu.

Die schwindende Begeisterung begann sich auch unter dem Sattel zu zeigen. Manchmal war sie weich und reagierte auf jedes Signal, das Jo ihr gab. Manchmal aber ging sie gegen das Gebiss oder reagierte nicht auf eine Schenkelhilfe, so dass Jo schließlich so lange Druck machen musste, bis sich die gewünschte Reaktion einstellte. Jo tat, was sie auf den Kursen gelernt hatte: Sie machte es Treasure schwer, wenn sie etwas falsch machte. Unglücklicherweise war die Stute aber so sensibel, dass sie Angst bekam, Fehler zu machen, und herauszubekommen versuchte, wie sie die Konsequenzen, die Jo dafür bereithielt, vermeiden konnte. Auch wenn sie oberflächlich gesehen meistens rittig zu sein schien, konnte sie sich doch nicht mehr entspannen. Sie schien sich ständig in einer Art Hab-Acht-Stellung zu befinden, um jederzeit und überall reagieren zu können. Ohne es zu wollen und zu merken, hatte Jo der Stute ihre Fehler *zu* schwer gemacht, und das Resultat war, dass die Stute eine Wand zwischen sich und Jo aufbaute.

Seit ich am Morgen angekommen war, hatte es geregnet und war kalt gewesen. Nachdem ich mit sechs Reitern und Pferden gearbeitet hatte, war ich besonders dankbar für die gedeckte Reithalle. Trotzdem, ich stand jetzt seit zehn Stunden in der Halle, und das feuchtkalte Wetter machte mich langsam fertig. Alle meine alten Knochenbrüche und Verletzungen begannen sich bemerkbar zu machen, und ich konnte die altbekannte Verspanntheit zwischen meiner linken Halsseite und dem Schulterblatt spüren, die in absehbarer Zeit zu einem schmerzhaften Krampf führen würde.

Ein paar Leute hatten der Kälte getrotzt und saßen immer noch auf der Tribüne, aber in den letzten zwei Stunden hatte sich die Zuschauermenge gelichtet. Während ich einige Fragen der Zuschauer beantwortete, ließ die Besitzerin das letzte Pferd des Tages, eine hübsche Quarter Horse-Stute, im Roundpen frei. Sobald die Besitzerin hinausgegangen war und das Tor hinter sich geschlossen hatte, lief die Stute auf die andere Seite und hängte den Kopf über die Einzäunung.

In diesem Augenblick begann es zu schütten, und das Prasseln des Regens auf dem Blechdach machte eine Verständigung fast unmöglich. Nicht nur das, es trug auch nicht gerade dazu bei, das nervöse Pferd da im Roundpen zu beruhigen. Ich ging hinüber zu der Besitzerin.

„Sie sind Jo, stimmt's?", fragte ich über das Gepladder.

„Ja", nickte sie.

„Und Ihr Pferd heißt?"

„Treasure."

„Okay, Jo", sagte ich und rückte ein bisschen näher, damit ich nicht zu schreien brauchte. „An was sollen wir heute arbeiten?"

„Ach", sagte sie. „Ehrlich gesagt ist Treasure schon ein bisschen weiter als die meisten anderen Pferde hier." Sie machte eine Pause, während die Stute an uns vorbeiraste. „Vielleicht könnte ich an ein paar fliegenden Galoppwechseln arbeiten."

„Okay", nickte ich. „Wie ist sie bei der Bodenarbeit? Lässt sie sich gut führen? Ist sie leicht zu fangen?"

„Das geht alles klar", antwortete sie. „Wir haben sogar ziemlich viel im Roundpen gearbeitet. Sie weicht sehr gut auf Druck und ist leicht zu fangen."

„Sie ist ein bisschen nervös, oder?", kommentierte ich, als die Stute wieder an uns vorbeilief.

„Ich habe sie eine Weile nicht geritten, und sie war seit Monaten nicht mehr von ihrem Stall weg."

„Okay", nickte ich wieder. „Haben Sie etwas dagegen, wenn ich zu ihr hineingehe und versuche, ob ich sie ein bisschen beruhigen kann?"

„Nein", sagte sie. „Machen Sie ruhig."

Ich ging also in den Roundpen, stellte mich in die Mitte und beobachtete die Stute, die um mich herumrannte. Ich muss noch einmal erwähnen, dass das Wetter ungewöhnlich scheußlich war. Es war kalt, es regnete, und als ich in den Roundpen hineinging, fing es auch noch an zu hageln. Trotzdem fand ich das Verhalten der Stute einigermaßen seltsam. Ohne Frage war sie aufgrund des Wetters und des Geprassels auf dem Blechdach sehr aufgeregt, aber es überraschte mich, dass sie nicht nach Hilfe Ausschau hielt. Sie blieb an der Umzäunung und lief Runde um Runde, auch als ich in die Mitte ging und sie einlud, zu mir hereinzukommen.

Sie drehte eine Runde, wechselte vom Trab zum Galopp, wieder zurück zum Trab und drehte dann selbstständig um. Jedesmal wenn sie auch nur halbwegs in meine Richtung zu blicken schien, machte ich entweder einen Schritt zurück oder verlagerte mein Gewicht nach hinten, um sie zu mir herzuziehen, aber sie ging nicht darauf ein. Dazu war sie viel zu abgelenkt. Ich fand, ich brauchte etwas, das ihr Interesse mehr auf das konzentrierte, was innerhalb des Roundpen vorging als außerhalb. Ich ging zur Umzäunung, als sie herankam, und hob meine Hand seitlich etwa bis Gürtelhöhe, damit sie die Richtung wechselte.

Was als Nächstes kam, verblüffte mich. Die Stute hielt genau vor mir sehr plötzlich an. Dann absolvierte sie eine Reihe von Übungen mit einer Geschwindigkeit, wie ich sie noch nicht erlebt hatte. In weniger als zehn Sekunden wich die Stute mit der Vorhand, mit der Hinterhand, ging rückwärts und zur Seite. Dann wich sie mit der Vorhand zur anderen Seite, aber schneller, wich mit der Hinterhand, ging wieder seitwärts und machte noch ein paar Sachen, die ich noch nie gesehen hatte, bevor sie schließlich still stand und mich anstarrte. Ich ließ die Hand sinken und stand nur da, verblüfft von diesem Erlebnis.

„Verflixt", hörte ich mich selbst sagen.

Ich hob wieder die Hand, und wieder folgte eine Reihe schneller Bewegungen der Stute, alle als Fragen gemeint, was zum Kuckuck meine erhobene Hand bedeuten solle. Natürlich hatte ich sie nur umdrehen wollen, aber das war das Einzige, was sie nicht probierte. Ich ließ die Hand sinken und beobachtete sie, während sie mich anstarrte.

Ganz offensichtlich waren viel Zeit, Mühe und Nachdenken in die Ausbildung dieses Pferdes investiert worden, denn die Stute „konnte" sehr viele Dinge. Was mich beunruhigte, war, wie ich Jo erklärte, die Art und Weise, wie sie nach der Antwort auf die Frage suchte. In dem, was ich gerade gesehen hatte, war kein Gefühl. Es war nichts als eine mechanische Reaktion nach der anderen. Für mich sah es so aus, als ob die Stute das Gefühl hätte, nicht nur die Antwort finden, sondern diese Antwort auch unbedingt richtig hinbekommen zu müssen. Ich hatte nicht den Eindruck, dass es für sie in Ordnung gewesen wäre, einfach anzuhalten, mich anzusehen und zu sagen: *Hey, Junge, ich habe keine Ahnung, was du von mir willst.*

Für sie war es absolut inakzeptabel, mir zu verstehen zu geben, dass sie mich nicht verstand. Es war nicht okay für sie, ihre Meinung zu äußern. Stattdessen sagte sie: *Okay, du hebst die Hand und ich weiß nicht, was das bedeuten soll. Ich darf aber nicht etwas nicht wissen, hier hast du also alle Reaktionen, die ich bisher gelernt habe und dazu drei oder vier Dinge, von denen ich selbst nicht genau weiß, was sie sind – bitte sag mir, ob eines davon richtig ist!*

Ich unterbreche hier, weil ich unterstreichen möchte, dass ich keineswegs glaube, dass die Reaktionen der Stute irgendetwas damit zu tun hatten, dass sie körperlich in irgendeiner Weise misshandelt wurde. Das würden viele Leute vielleicht annehmen, aber das stimmte einfach nicht.

Meinem Gefühl nach sah ich ein überfrachtetes Pferd – zu viel an Information war über die Jahre an die Stute herangebracht worden und dazu so, dass sie sie nicht immer verstand.

Ich arbeitete mit Treasure noch ein bisschen, so ruhig ich nur konnte, und fragte Jo dann, ob sie etwas dagegen hätte, sie zu satteln, damit wir sehen könnten, wie sich die Dinge darstellten, wenn sie sie ritt.

„Aber gern", war die Antwort, aber ihre Stimme klang ein ganz klein wenig defensiv.

Jo kam in den Roundpen und brachte das Sattelpad mit. Ein paar Meter vom Eingang blieb sie stehen und klopfte mit der Hand auf ihren Oberschenkel. Treasure sah sie an, senkte unterwürfig den Kopf und wanderte auf sie zu. Das erschien mir etwas seltsam. Es war nett, ein Pferd so gehorsam auf ein Kommando reagieren zu sehen, aber mir fiel auf, dass die Stute die ganze Arbeit machte. Offensichtlich wurde erwartet, dass sie ohne zu zögern quer durch den Roundpen kam und sich aufstellte zum Satteln. Vermutlich keine unvernünftige Forderung. Aber es setzte die Stute mit Sicherheit ganz gewaltig unter Druck, das Richtige zu tun. Zwanzig Meter sind schließlich eine lange Strecke, wenn man sich nicht ablenken lassen oder die gestellte Aufgabe aus den Augen verlieren darf, besonders an einem kalten, regnerischen Tag wie heute. Mir schien, dass viel Raum für Irrtümer von Seiten des Pferdes blieb. Und wenn es sich irrte – was geschah dann?

„Was für eine Art von Beziehung haben Sie mit diesem Pferd im Sinn?", fragte ich, als Treasure etwa den halben Weg zurückgelegt hatte.

„Ich möchte eine Partnerschaft haben", erwiderte sie. Kaum hatte sie die Augen von der Stute abgewendet, als diese auch schon anhielt, umdrehte und in die andere Richtung abwanderte.

Jo richtete ihre Aufmerksamkeit wieder auf die Stute und klopfte auf ihren Schenkel. Die Stute drehte um und kam wieder auf sie zu.

„Wenn Sie auf eine Partnerschaft abzielen – wieso tut dann die Stute die ganze Arbeit?", fragte ich.

„Wie meinen Sie das?", fragte Jo und wendete wieder ihre Aufmerksamkeit vom Pferd ab. Treasure zögerte, drehte dann um und ging in die andere Richtung.

„Na ja, Sie wollen sie satteln, nicht?"

„Richtig", sagte sie und klopfte wieder auf ihren Schenkel.

„Aber zuvor wollen Sie, dass sie quer durch den Roundpen zu Ihnen herkommt?"

„Ist daran etwas verkehrt?"

„Nicht unbedingt", sagte ich. „Es scheint mir nur eine ziemlich einseitige Partnerschaft zu sein."

Die Stute kam auf Jo zu, aber diesmal ging ihr Jo den halben Weg entgegen. Sie klopfte der Stute den Hals, zeigte ihr das Pad und legte es ihr auf den Rücken. Dann ging sie zu ihrem Sattel, der über der obersten Stange der Umzäunung hing, aber sofort drehte die Stute wieder um und wanderte ab.

„Was soll ich machen, wenn sie einfach so weggeht?", fragte sie mit einer Spur von Frust in der Stimme.

„Wir könnten ihr zum Beispiel ein Halfter anziehen."

„Aber warum sollte sie nicht stehen bleiben, wenn ich sie satteln will? Ich mache das meistens so."

Ich sagte, die Stute hätte offenbar Schwierigkeiten mit dem Stillstehen, wegen des Wetters und überhaupt. Vielleicht wäre es deshalb zumindest heute nicht schlecht, ihr ein bisschen zu helfen. Also halfterten wir die Stute auf. Sie war bald gesattelt, Jo saß auf und ritt im Roundpen herum. Nach wenigen Minuten verlangte sie ein paar fortgeschrittene Lektionen, die die Stute ohne zögern ausführte.

Sie machte eine Vorhandwendung und ging seitwärts. Darauf ging sie vorwärts, hielt, ging rückwärts, wendete um die Vorhand und wiederholte die gesamte Abfolge ohne Stocken.

Ohne Frage zeigte Jo ein paar hübsche Lektionen mit der Stute. Aber jede Bewegung wurde von einer Art Protest von Seiten der Stute begleitet. Fast jeder ihrer Schritte war gefolgt von einem Kopfschütteln, einem Schweifschlagen, angelegten Ohren oder einem allgemein unzufriedenen Ausdruck. Die Stute ging steif und schien die Lektionen nicht wirklich bis zum Ende auszuführen. Kurz gesagt machte sie, was sie sollte, aber sie schien es nicht besonders zu mögen.

Mir ging langsam auf, dass ich womöglich ein Problem hatte. Jo hatte Treasure zum Kurs gebracht, weil sie Hilfe brauchte, aber ich war mir nicht ganz sicher, ob sie das hören wollte, was ich zu sagen hatte, nachdem ich die beiden zusammen beobachtet hatte.

„Sie sagten, Sie wollen eine Partnerschaft erreichen", sagte ich, als Jo neben mir anhielt.

„Ja", nickte sie. Die Stute tänzelte auf der Stelle.

„Auf was soll diese Partnerschaft beruhen?", fragte ich und streichelte die Stute zwischen den Augen.

„Wie meinen Sie das?"

„Soll die Partnerschaft beruhen auf Vertrauen, auf Mechanik, Dominanz ...?"

„Vertrauen", unterbrach sie mich. „Sie soll mir vertrauen."

Das war die Antwort, auf die ich gehofft hatte, aber ich war immer noch nicht sicher, dass dies es für Jo leichter machen würde, meine Meinung zu akzeptieren.

„Naja", sagte ich zögernd. „Ich muss Ihnen ehrlich sagen, was ich denke. Ich sehe eine Menge mechanischer Reaktionen der Stute ohne viel Gefühl dahinter."

„Was meinen Sie mit „mechanisch"?", fragte sie.

Ich erklärte, dass die Stute allem Anschein nach nicht aus Vertrauen reagierte, sondern weil sie auf die Reaktionen mehr oder weniger „programmiert" worden war. Mit anderen Worten, sie war in solch einem Ausmaß gedrillt worden, dass sie das Gefühl hatte, nur Perfektion wäre gut genug. Da so wenig Platz für Fehler war, konzentrierte sich Treasure darauf, die Aufgabe perfekt zu lösen, anstatt sich vertrauensvoll auf Jo zu konzentrieren. Auch Jos Signale waren etwas mechanisch geworden. So ziemlich alles, was sie von dem Pferd verlangte, drückte eine Art „Ich sage, du tust"-Haltung aus. Das war ganz unbeabsichtigt, aber nichtsdestoweniger war es da.

Da die Stute auf ihre Aufgabe konzentriert war und mechanisch auf mechanische Signale antwortete, schien sie unmöglich Vertrauen in Jo setzen zu können, sobald es um etwas ging, das außerhalb des mechanischen Bereichs lag, in dem sie arbeiteten. Da Treasure nicht vertrauen konnte, konnte sie sich auch in Anwesenheit von Menschen nicht entspannen. Sie strahlte ein Gefühl der Anspannung aus, weil sie nie wusste, wann ihr auf die eine oder andere Art eine Aufgabe gestellt werden würde. Das Resultat war, dass Treasure nicht nur keine Hilfe von mir erwartete, sondern dass sie auch Mühe hatte, sich unter dem Sattel zu lösen.

Es war deutlich zu sehen, dass meine Erklärung Jo aus der Fassung brachte. Ich wollte nicht, dass sie sich noch schlechter fühlte, als es eh schon der Fall war, und da sich das Problem sicherlich nicht durch noch mehr Technik würde lösen lassen, ließ ich sie noch ein paar sehr einfache Übungen ausführen und machte für heute Schluss. Ich wollte Jo Zeit geben, über die Situation nachzudenken, und mir selbst, darüber nachzudenken, wie ich ihnen da durchhelfen konnte – vorausgesetzt, Jo wollte am nächsten Tag überhaupt weiter mitmachen.

Am nächsten Morgen hatte es etwas aufgeklart, aber die Luft war immer noch schwer und kündigte mehr Regen an. Während ich die Interstate entlang zu meinem Kurs fuhr, fragte ich mich, ob ich Jo noch antreffen würde oder ob ich sie am Abend zuvor so aus der Fassung gebracht hatte, dass sie zusammengepackt hatte und nach Hause gefahren war.

Ich fuhr auf den Platz und freute mich, als ich Jo neben dem kleinen Corral mit Treasure stehen sah. Sie sah meinen Wagen und kam sofort herüber. Ich drehte die Zündung ab und stieg aus, aber Jo war schon neben mir, bevor ich auch nur die Tür geschlossen hatte.

„Ich habe letzte Nacht nicht viel geschlafen", sagte sie mit einem etwas gezwungenen Lächeln. „Ich habe über das nachgedacht, was wir gestern besprochen haben, nämlich dass Sie das Gefühl hatten, Treasure hätte kein richtiges Vertrauen zu mir und dass sie ziemlich mechanisch wirkte." Sie machte eine Pause. „Ich habe diese Stute als Absetzer gekauft. Alles an ihr, das Gute wie das Schlechte, kommt von mir. Es macht Spaß, sich das Gute zuschreiben zu können, aber nicht halb so viel Spaß, die Verantwortung für das Schlechte zu übernehmen."

Ich unterbrach sie und erklärte, sie solle nicht denken, dass sie bei der Ausbildung etwas falsch gemacht hätte, nicht einmal die Art, wie die Stute reagierte, war falsch. In Wirklichkeit gab es in ihrer Beziehung sehr viel mehr Gutes als Schlechtes. Nur, wenn sie wirklich eine Partnerschaft mit ihrem Pferd wollte, hatte sie das meiner Meinung nach möglicherweise so angefangen, dass es dem Pferd schwer fiel, es ebenso zu sehen.

„Ich weiß", nickte sie. „Aber ich möchte nicht, dass sie reagiert, weil sie denkt, sie hat keine andere Wahl. Sie soll reagieren, weil sie es möchte, nicht weil sie denkt, sie muss."

„Nichts dagegen einzuwenden."

„Ich glaube, ich habe nicht mehr daran gedacht, wie sie sich bei der Sache fühlt", fing sie an. „Ich war ziemlich zufrieden damit, dass ich ihr all diese Lektionen beibringen konnte. Der Gedanke, dass sie sich innerlich von all dem absetzen könnte, ist mir überhaupt nicht gekommen. So soll es auch nicht sein für sie – und für mich auch nicht." Sie schwieg einen Augenblick. „Ich möchte alles nur Mögliche machen, damit ich es wieder hinkriege."

Dieser eine Satz nahm mir eine Riesenlast von den Schultern. Wir arbeiteten einen Plan für die nächsten drei Kurstage aus. Das Ziel bestand hauptsächlich darin, Jo körperlich und seelisch ein wenig aufzulockern. Sehen Sie, Jo hatte einen anspruchsvollen Job, in dem es täglich darauf ankam, dass sie und ihr Personal sofortige Ergebnisse erzielten. Infolgedessen lief ihr Motor die meiste Zeit auf Hochtouren, auch wenn sie nicht arbeitete. Immer unter Strom zu stehen war für ihre Position als Managerin einer Gesellschaft vielleicht richtig, aber Treasure hatte nie viel von Geschäftsführung verstanden und konnte sich höchstwahrscheinlich nicht vorstellen, warum sie es immer so eilig hatten.

Meinem Gefühl nach war das der Kern des Problems. Treasure hatte nie Zeit gehabt, die Dinge, die Jo von ihr verlangte, richtig zu durchdenken. Jo hatte in anderen Kursen gelernt, dass sie, wenn Treasure nicht in einer bestimmten Zeitspanne reagierte, so lange den Druck erhöhen musste, bis die Reaktion erfolgte. Das ließ der Stute wenig Raum für Gedanken oder Irrtümer. Es ließ auch Jo nicht die Zeit, die sie gebraucht hätte, um die Versuche, die Treasure anbot, zu spüren. Jo setzte oft ein Signal genau auf einen Versuch, was die Stute sehr verwirrte. Treasure wusste nie, wann sie etwas richtig machte, und infolgedessen konnten ihre Reaktionen auch nicht konstant ausfallen. Das genau war einer der Hauptgründe dafür, warum die Stute einmal weich und geschmeidig ging und im nächsten Augenblick steif und widersetzlich wurde. Sie wusste einfach nie, wann sie etwas richtig machte.

Jo lernte schnell. In wenigen Minuten hatte sie sich im Sattel schon abgebremst und gab ihre Signale wesentlich sanfter. Treasure begann die Stunde fast genauso angespannt wie am Vortag, aber da Jo auf die Reaktionen wartete, statt sie zu erzwingen, schien sich die Stute ziemlich schnell zu beruhigen, worauf ihre Reaktionen immer konstanter wurden. Tatsächlich führte Treasure nach einer halben Stunde alles aus, was Jo am Vortag von ihr verlangt hatte, aber ohne das Kopfschütteln, das Schweifschlagen, die Steifheit und Widersetzlichkeit, die am Vortag zu sehen gewesen waren.

Die nächsten zwei Tage arbeitete Jo sehr hart daran, ihre Signale noch konstanter zu geben und sie noch konstanter nachzulassen. Treasures Antworten erfolgten immer schneller, ihre Versuche wurden immer größer und damit offensichtlicher für Jo, was sie in die Lage versetzte, den Druck auch schneller nachzulassen. Oft brauchte sie die Hilfe gar nicht mehr vollständig zu geben. Sie brauchte das Signal nur anzudeuten, nicht wirklich auszuführen, und Treasure zeigte die richtige Reaktion. Treasures Vertrauen zu Jo wuchs vor unseren Augen.

Am vierten Tag ritt Jo schon mit so konstant weichen Signalen, dass die Stute fließend von einer Aufgabe zur nächsten glitt, ohne zu zögern oder zu protestieren. Ihre Nervosität war verschwunden, ebenso wie das Gefühl der Anspannung, und sie schien glücklich zu sein bei der Arbeit mit Jo im Roundpen.

Die Veränderung zwischen den beiden war so dramatisch, dass ich ziemlich sicher war, dass sie über den Berg waren, was ihre Beziehung anbetraf. Jo war ruhig und konstant und versuchte nicht mehr, die Stute zu Dingen zu zwingen, die sie vielleicht nicht verstanden hatte. Sie war öfter bereit, auf die Stute zu hören und wartete eher ab, bis die Stute in einer schwierigen Situation die richtige Entscheidung getroffen hatte, anstatt sie zu drängen. Wenn Jo sich zu Hause nur auf diese wenigen Dinge konzentrieren würde, war ich sicher, dass ihre Beziehung zu der Stute wachsen und gedeihen würde.

Was ich damals noch nicht wusste, war, dass während des gesamten Kurses und mehr noch danach eine Wolke der Mutlosigkeit über Jo hing. Jo hatte sich jahrelang bemüht, das richtige „Ding" für sich und ihre Pferde zu finden. Sie suchte nach der einen Technik, der einen Methode, die die Beziehung zusammenbringen würde, sodass alles gut war. Stattdessen merkte sie allmählich, dass Technik und Methoden sehr wenig mit dem Aufbau einer Beziehung zu tun hatten. Dazu gehörte viel mehr, und nachdem ihr die Augen aufzugehen begannen, hatte sie das Gefühl, die Stute im Stich gelassen zu haben.

In den Monaten nach dem Kurs hatte Jo das überwältigende Gefühl, dass sie überhaupt nichts von Treasure verlangen durfte, wenn sie zusammen arbeiteten. Sie fühlte sich schrecklich schuldig, nicht nur für das, was sie von ihr verlangt hatte, sondern für die Art, wie sie es verlangt hatte. Die Schuldgefühle fraßen sie auf, so dass sie jede Kleinigkeit, die sie tat oder verlangte, hinterfragte. Sie machte sich solche Sorgen, dass sie wie gelähmt war, wenn sie zusammen arbeiteten. Sie zweifelte an ihren Motiven, ihrer Ehrlichkeit und ihren Zielen.

Auch wenn sie es damals noch nicht wusste, hatte Jo erreicht, was sie sich in ihrer Beziehung zu der Stute gewünscht hatte. Da sie ihre Zuverlässigkeit bewiesen hatte, begann Treasure Unterstützung und Führung von ihr zu erwarten und war bereit, ihr überallhin zu folgen. Aber wenn ein Pferd Unterstützung und Anweisung erwartet, ist das nicht unbedingt die beste Zeit, sich innerlich in langwierigen Debatten zu ergehen, was man wie als Nächstes tun oder lassen sollte.

Was Jo nicht wusste, war, dass die geistige Blockade, die sie gerade erlebte, darauf zurückzuführen war, dass sie die Antworten nicht in sich selbst suchte – sie verließ sich unbewusst immer noch auf Technik. Der Unterschied war, dass sie nicht mehr versuchte, ein Ziel möglichst schnell zu erreichen, wie sie es vor dem Kurs getan hatte, sondern stattdessen darüber nachgrübelte, wie weich „weich" war. Aber sie brachte kein „Gefühl" ein in diese Frage.

Die Stimme am Telefon klang ganz fröhlich, aber irgendetwas stimmte nicht, keine Frage.

„Schön von dir zu hören, Jo", sagte ich. „Wie geht's?"

„Ganz gut", kam die halbherzige Antwort. „Aber ich habe das Gefühl, ich stecke mit Treasure wieder fest."

Jo erklärte, was zwischen ihnen beiden vorging, wie sie sich und ihre Motive anzweifelte und sich nicht getraute, etwas von der Stute zu verlangen. Sie hatte langsam das Gefühl, sich in einer Abwärtsspirale zu befinden, und machte sich Sorgen, dass sie nicht mehr herausfinden könnte. Jos Sorgen kamen sicherlich aus tiefster Seele, aber irgendwie konnte ich mir nicht vorstellen, dass es so schlecht stand, wie Jo dachte. Schließlich hatte das, was sie mir erzählte, wenig mit ihrem Pferd oder dessen Verhalten zu tun. Das meiste, was sie sagte, drehte sich um ihre Unfähigkeit zu fühlen, was zwischen ihnen beiden vorging. Sie machte sich solche Sorgen darum, was sie tun sollte und wie sie es tun sollte, dass sie das wichtigste Teil des Puzzles nicht sah.

„Ich glaube, wir dürfen hier nicht vergessen, dass deine Beziehung zu deinem Pferd vom Herzen kommt, nicht von den Händen", sagte ich. „Wie du es darstellst, ist Treasure bereits da. Sie wird schon auf dich warten, wenn du es gefunden hast."

Ich unterstrich, dass sie nicht so hart mit sich selbst sein dürfe, dass sie versuchen solle, sich nicht solche Sorgen darum zu machen, Ziele zu erreichen und „Dinge" zu tun, sondern einfach ihre Zeit gemeinsam mit dem Pferd genießen solle. Wenn sie beide sich zusammen wohl fühlten, würden sich die Ziele und „Dinge" höchstwahrscheinlich von selbst verwirklichen.

Es vergingen Monate, bevor ich wieder von Jo hörte, und zwar in Form eines Briefes. Sie schrieb von den letzten Trailritten, die sie und Treasure unternommen hatten. Zu Anfang schrieb sie, dass sie aufgehört habe, „Dinge" von der Stute zu verlangen, und anfing, einfach Treasures Gesellschaft zu genießen.

Sie erwähnte, dass Treasure bei einem ihrer Ritte anfangs sehr nervös gewesen war, zum Schluss aber ganz weich und ruhig geworden sei. Nach einigen weiteren Ritten verging die Nervosität vollständig, aber mit der Zeit wurde Treasure manchmal ängstlich. Jo zwang sie nicht mehr, wie sie es früher getan hatte, ihre Ängstlichkeit zu beherrschen, sondern gab ihr Gelegenheit, ihre Meinung zu äußern. Sie durfte sich bewegen, wenn ihr danach zu Mute war, aber Jo vertrat auch ihren eigenen Standpunkt und führte sie sanft, aber bestimmt in Schlangenlinien oder Achterfiguren um die nächsten Bäume und Büsche. Jo sagte auch, dass Treasure immer weich in der Hand blieb, auch wenn sie Angst hatte, und nie versuchte, wegzulaufen oder nicht mitzumachen. Jedesmal hatte sich die Stute nach wenigen Minuten beruhigt und sogar halten und ruhig stehen können, wenn Jo es von ihr verlangte.

Jo schrieb, wie ihre Beziehung zu Treasure wieder aufzublühen begonnen habe und dass sie in den letzten

Wochen ein paar der besten Ritte zusammen erlebt hätten, seit sie die Stute vor vier Jahren angeritten hätte. Während ich las, konnte ich nicht anders als mich zu fragen, ob Jo endlich aufgehört hatte, sich auf Techniken zu verlassen. Die letzten Absätze beantworteten meine Frage.

Dinge, die ich von meinen Pferden gewohnt war, wie flie-gende Galoppwechsel und kurze Galopp-Trab-Galopp-Übergän-ge ... diese Dinge sehe ich jetzt als Geschenk an. Ein Geschenk, das mir in diesem Augenblick von meinem Pferd aus freiem Wil-len gemacht wird. Ich bin ganz sicher, es gibt eine Verbindung zwischen dem, was ich meinem Pferd geben und dem, was das Pferd mir zurückgeben kann.

Dinge wie Technik, Mechanik und Ziele dürfen niemals die Geschenke von Seiten des Pferdes gefährden. Wenn wir ver-suchen, diese Geschenke „auf Befehl" zu erhalten oder sie uns zu nehmen, können wir Probleme bekommen. Man kann um ein Geschenk bitten, aber man kann es sich nicht einfach nehmen. Wenn man zu viele Geschenke annimmt und dem Pferd nicht genug zurückgibt, besteht die Gefahr, dass das Pferd seine Ver-suche einstellt und die Beziehung zwischen Reiter und Pferd sich verschlechtert. Ich glaube deshalb, dass diese Geschenke einem Kreislauf folgen müssen. Ich gebe dem Pferd, damit das Pferd mir geben kann, und so geht es immer weiter. Und Geben macht so viel Freude.

Insgesamt habe ich das Gefühl, dass ich dabei bin, die Ver-bindung, die ich als Kind zu Pferden hatte, wieder zu entdecken. Damals saß ich einfach drauf und „wusste" überhaupt nichts. Nicht dass ich damals nicht ziemlich herumgefummelt hätte, aber irgendwie kam immer das Richtige heraus. Das Wunder und die reine Wonne, auf einem Pferd zu sitzen oder nur in sei-ner Nähe zu sein. Und natürlich der wunderbare Geruch!

Ich glaube, damals bin ich mit dem Herzen geritten, nicht mit dem Kopf. So ziemlich alles basierte auf Gefühl, denn das war alles, was ich hatte. Wenn ich zu übermütig wurde, „erin-

nerte" mich das Pferd daran, das Gefühl nicht zu vergessen. Irgendwie ist mir das verloren gegangen. Nicht ganz, das nicht, aber zum Teil habe ich es verloren und ich nehme an, das ist es, was ich zurückzubekommen versuche.

Ich habe immer dazu geneigt, meine Errungenschaften gering zu schätzen oder sie total aus den Augen zu verlieren. Stattdessen konzentriere ich mich voll und ganz auf die Dinge, die ich noch lernen muss, oder auf die „Probleme". Das bringt mich und mein Pferd unter sehr viel Stress. Man verfällt so leicht in die Gewohnheit, an dem Pferd herumzunörgeln und „Probleme zu lösen" – auf Fehler zu warten und sie dann ausmerzen zu wollen. Ich glaube, ich habe manchmal unbewusst und ungewollt meine Pferde (im kleinen Maßstab) dazu verführt, Fehler zu machen, damit ich daran arbeiten konnte, sie zu korrigieren. Das Pferd testen – sehen, wo es steht und feststellen, welche Löcher gestopft werden müssen. Heute weiß ich, dass es viel besser gewesen wäre, all die wunderbaren Dinge anzuerkennen, die mein Pferd und ich vollbrachten und sich weniger auf das zu konzentrieren, was wir nicht taten oder von dem ich annahm, dass es noch verbessert werden müsste.

Ich will damit nicht sagen, dass es falsch ist, sich Ziele zu setzen. Sie können die Richtung angeben und den Zweck. Aber wenn man allzu sehr auf ein Ziel fixiert ist, kann man leicht den Augenblick aus den Augen verlieren. Man sieht nur noch das Ziel und hat nichts mehr vom Weg. Das ist das Problem, wie ich es sehe.

Mir wird langsam klar, dass man niemals „ankommt". Dies ist wirklich eine Reise ohne festes Ziel. Es ist ein unendlicher Prozess. Alles Wichtige geschieht „auf dem Weg", nicht „wenn du dort ankommst", denn es gibt kein „dort"! Ich habe schrecklich lang dazu gebraucht, das zu begreifen."

Und diese paar Absätze zeigten mir, dass Jo den Schlüssel gefunden hatte, der die Tür aufschließt.

Wir verbeißen uns oft derartig in ein bestimmtes Ziel

oder verlassen uns so sehr auf eine Technik oder Methode, dass ein Teil von uns – der Teil, der uns für das Pferd vertrauenswürdig macht – nicht mehr zu erkennen ist. Wir können das Pferd nicht zwingen, uns zu vertrauen. So herum funktioniert es nicht. Vertrauen ist etwas, das man sich verdienen muss. Meine Erfahrung hat mir aber gezeigt, dass alle Ziele so viel einfacher zu erreichen sind, sobald dieses Vertrauen erst einmal besteht.

Schließlich und endlich haben wir nur uns und unsere Pferde. Daran ändert keine Technik, kein Hilfsmittel, kein Lederzeug etwas. Aber im Grunde genommen sollte es das auch nicht, finde ich.

Zum Weiterlesen

Aguilar, Alfonso: Wie Pferde lernen wollen. Bodenarbeit, Erziehung und Reiten, Stuttgart 2004

Bayley, Lesley: Trainingsbuch Bodenarbeit. Die Methoden und Übungen der besten Pferdeausbilder. Mit Monty Roberts, Pat Parelli, Linda Tellington-Jones, Mark Rashid, Kelly Marks, Michael Peace u.a., Stuttgart 2006

Brannaman, Buck: Pferde, mein Leben. Vom Lassokünstler zum Pferdeflüsterer, Stuttgart 2009

Cummings, Peggy: Bodenarbeit. Mit Connected Groundwork zu Bewegungsfreiheit und Selbsthaltung des Pferdes, Stuttgart 2007

Kreinberg, Peter: The Gentle Touch®. Die Methode für anspruchsvolles Freizeitreiten, Stuttgart 2007

Kreinberg, Peter: Peter Kreinbergs Bodenschule. The Gentle Touch – Übungen für mehr Gelassenheit, Stuttgart 2009

Lyons, John: Grunderziehung für Fohlen. Die 20 wichtigsten Übungen Schritt für Schritt, Stuttgart 2004

Rashid, Mark: Der auf die Pferde hört. Erfahrungen eines Horseman aus Colorado, Stuttgart 1999, 2006

Rashid, Mark: Der von den Pferden lernt. Ein Horseman,der zum Schüler seines Pferdes wird, Stuttgart 2007

Savoie, Jane: Positiv denken – erfolgreich reiten, mit Mentaltraining zum persönlichen Sieg, Stuttgart 2006

Schmid, Andrea: Westernreiten. Schritt für Schritt zum Erfolg, Stuttgart 2009

Tellington-Jones, Linda: Tellington-Training für Pferde. Das große Lehr- und Praxisbuch. Verhaltensprobleme von A-Z, Tellington-TTouches, Bodenarbeit und Reiten, Stuttgart 2007

Aus dem Amerikanischen übersetzt von Sigrid Eicher, München.
Titel der Originalausgabe: „Horses never lie. The Heart of Passive
Leadership"
Johnson Printing, Boulder, Colorado.
© 2000, Marc Rashid

Umschlag von eStudio Calamar unter Verwendung von zwei Farb-
fotos von Sabine Stuewer, Darmstadt (vorne mitte) und Marc Rashid,
Estes Park (vorne unten).

Mit 11 Schwarzweißzeichnungen von Greg Miles.

Unser gesamtes lieferbares Programm und viele
weitere Informationen zu unseren Büchern, Spielen,
Experimentierkästen, DVDs, Autoren und Aktivitäten
finden Sie unter **www.kosmos.de**.

Gedruckt auf chlorfrei gebleichtem Papier

Für die deutschsprachige Ausgabe:
© 2002, Franckh-Kosmos Verlags-GmbH & Co. KG, Stuttgart
Alle Rechte vorbehalten
ISBN 978-3-440-09357-3
Gestaltungskonzept: eStudio Calamar
Lektorat: Katja Metzler
Produktion: Markus Schärtlein, Kirsten Raue
Satz: TypoDesign, Radebeul
Printed in The Czech Republic / Imprimé en République Tchèque